いまのうちに聞いておきたい

DXのための
データ管理
入門

デロイト トーマツ コンサルティング
Deloitte dX Garage Evangelist
安井 望 著

中央経済社

はじめに

　本書を書くきっかけになったのは，拙著『データドリブン経営入門』を2019年に刊行してから3年近くが経つ中で出てきた，「日本企業におけるデジタルトランスフォーメーション（DX）は決してうまくいっているとはいえないですね」という何気ない会話です。

　筆者は日頃講演や寄稿をさせていただく機会が多いのですが，「DX」という言葉を講演等で使い始めたのは2018年の終わり頃からです。そのあたりから日本企業がこぞってDXの取組みを始めたということですね。それまでの日本企業は，主に「Digital／デジタル」や「Analytics／アナリティクス」という言葉を使ってさまざまな取組みを行っていました。デジタルマーケティング，データサイエンティスト，AIといった用語が頻出し，「ビッグデータ」という言葉が廃れていったタイミングですので，おそらく2015年頃からの取組みになるでしょうか。

　この時からだと，もう7年以上経過していることになりますが，日本企業がデジタル化やDXに成功した，あるいはそういった取組みが功を奏して業績が上がっているという話にほとんど遭遇していません。雑誌やWebでDXの成功事例と紹介されている内容を目にすることはありますが，果たしてこれは想定していたDXの効果なのだろうかという疑問を持つこともしばしばです。

　「総論としては日本企業のDXはうまくいっていない」，これが現実であり，私たちが直視すべきことなのではないかというのが本書のスタート地点です。ここから「何が問題なのか」「どうしたら前に進めるのか」といったことを見つめ直したものが本書ということになります。

　残念ながらこの7年という歳月の中で，グローバル先進企業との差は大きく開いたと筆者は感じています。世界的なCOVID-19の拡がりやウクライナ情勢

等，企業を取り巻く環境は激変していますが，そのような中でDXの歩みを止めず，時代に合わせた経営を，デジタル技術を使って実現しているグローバル企業は数多く存在します。一方，多くの日本企業は急激な環境変化に右往左往しているように見えます。この状況は何が生み出したのでしょうか。

　すべての日本企業がそうだというわけではありませんが，筆者がこれまで見てきた日本企業の多くがDXに苦労している大きな原因の1つが，本書で取り上げている「データ」を正しく扱えていないということです。もともと日本企業はデータに対する感度は高く，デジタル化やDXの文脈でもデータを活用した経営を志向していました。しかし，当初のその志向は目に見える形として結実できておらず，クラウドへの移行やデジタルツール導入といったシステム導入プロジェクトに姿を変えてしまいました。

　このような，手段が目的化したといえる状況に陥る企業が後を絶ちません。この背景には，データの正しい扱い方を理解しないままに，流行りに乗ろうとしたということがあります。本書では，なぜそういうことになってしまったのか，どういうことを理解せずに進めてしまったがために失敗してしまったのか，といった部分に焦点を当てていきます。これは，いわゆる「データガバナンス」の世界になるのですが，日本のDX推進の中でデータガバナンスが語られることは思いのほか少ないです。ここにグローバル先進企業との差が現れているのだと筆者は考えています。

　DXは競争優位の追求であるがゆえに，明確な戦略を提示できない経営層や事業部門側に課題の多くが集中します。日本企業でも2018年以降，その課題を解決するために，筆者らのようなコンサルタントがさまざまなDXの取組みを支援してきました。企画段階からの支援もあれば，システム面での支援もあります。このような支援を通じて日本企業が進めるDXを見てきた中で，経営層や事業部門だけでなく，データという，DXの基盤ともいうべき領域に大きな足枷があることがわかってきました。「データがどこにあるのかわからない」「関連する複数のデータが散在している」「欲しい精度でデータが取得できな

い」等です。

　このような課題が存在するのは，事業部門のサイロ化が進んでいる日本企業の文化的な側面も原因の1つですが，適切なシステム統合やERPの導入推進ができていなかった面が大きいと筆者は考えています。そういう意味では，情報システム部門にも責任の一端があります。「情報システム部門としてはやりたかったけれど，いろいろなしがらみによってできずに来た」というケースも多いかと思いますし，その取組みの大変さを想像すると「なかなか統合に踏み出せなかった」という面もあるでしょう。しかし，7年以上デジタル化やDXに取り組んでいることに鑑みると，少しずつでも取り組めていたら，今頃は一定の統合が進んで，ここまでDXの取組みが停滞することもなかったというのも事実です。

　とはいえ，後ろを振り返っても意味はありません。これからの活動を見出すために，まずは原点に立ち返って，何が問題か，どうしたらいいのかを，本書を通じて考えていただけると幸いです。今度は「何となく歳月が流れてしまい，あの頃から取り組んでいれば…」という後悔をしないように，少しずつでもいいので，まずは取組みをスタートさせることに注力してもらいたいと思います。

　しかし，本書のテーマである「データ」あるいは「データガバナンス」を正しく理解することが最優先です。取組みに関わるすべての人がしっかりと同じ理解の中で進めていくことが，取組みのスピードを高めることにもつながります。中途半端な理解で進めると，またどこかで目的を見失うことになります。同じ過ちを繰り返さないで，今度こそグローバル企業と対峙できるDXの成功を実現してもらいたいと思います。

2022年9月

　　　　デロイト トーマツ コンサルティング合同会社　パートナー
　　　　Deloitte dX Garage Evangelist
　　　　　　　　　　安井　望

Contents

第2章 結局DXって何ですか？

第 3 章　DXの肝はデータって本当ですか？

第5章　DXの正しいやり方を教えてください

第6章　データガバナンスが特に重要ですね？

第7章　データガバナンスの基本は「シンプル」

第1章

いまさら聞けない
DX関連用語の基礎知識

　いまや聞かない日，見ない日はないほどのDXという言葉ですが，意外にこのDXを形作るさまざまな用語を説明してくれと言われると，モゴモゴと口ごもってしまう人は多いのではないでしょうか。「もはや聞くことは許されないんじゃないか」「聞いた瞬間に知ったかぶりをしていたことがばれてしまう」等いろいろな事情がおありかと思いますが，基本的な用語を正しく理解していないと，やがて大きな勘違いをしていることに気づかずに大失敗ということになりかねません。いえ，もうすでに多くの人が失敗の道を歩んでしまっているのが，日本におけるDXの現状です。

　第2章で詳しくお話しますが，いま多くの日本企業はDXに積極的に取り組んでいるのに，結果が芳しくありません。その原因はいくつもあるのですが，最も大きな原因は，**ちゃんと理解して取り組んでいない**ということです。間違いに気づくためにも，正しく基本的なことは理解しておかなくてはなりません。

　本章では基本中の基本ということを含めて，DXやいわゆるデータドリブン経営を進めていくために必須となる知識を整理します。ここでは，その用語の専門的な解説をして理解してもらうということではなく，「要はこういうことですよ」「ちょっと乱暴ですが，こう解釈しておきましょう」という，本質的な部分にできるだけフォーカスを当てていきたいと思います。専門的な深い知識に興味が出たときは，専門書をじっくりと読んでください。

1 「IT」「システム」「情報システム」同じような違うような…

　まず基本中の基本ということで，「DX」や「デジタル」といったちょっと今風な用語よりも，もっと昔の用語について考えてみましょう。以下のような話は，企業の至るところで相当昔から耳にしてきました。

　「IT化を急がないといけない」
　「それはシステムにやらせよう」
　「情報システムの管理者は誰だ？」
　「システムトラブルがあったらしい」

「マネジメントシステムに欠陥がある」

　何となく似たり寄ったりのことを指している感覚は，皆さんもお持ちかと思います。**IT**とか**システム**という言葉を聞くと，パソコンの画面やキーボードを思い浮かべつつ，どこか遠いところに大きなコンピュータがカタカタと動いているような感じ……。その光景は当たらずとも遠からずですが，ここでは，企業内で使われている場合にどう解釈しておけばよいかに着目します。

　ITという言葉は，『広辞苑第七版』（岩波書店，2018年）には「Information Technology＝情報技術」とあり，「コンピュータや通信など情報を扱う工学およびその社会的応用に関する技術の総称」と記されています。要は，大きいものも小さいものも含めたコンピュータや，インターネットをはじめとするネットワークの技術全般を指しているということですね。

　となると，先ほど登場した**IT化**とは何でしょうか。直訳すると，情報技術化ということになりますが，こうなると何をいっているのかさっぱりわかりません。どこかで作られた造語なのでしょうが，何となくわかったつもりで使っている言葉ですね。IT（情報技術）を使って企業の活動を効率化あるいは高度化するという意味で使っているケースがほとんどかと思います。

❶ 「システム化」と「IT化」の違い

　では，**システム化**と**IT化**は同じでしょうか。ふだん企業でシステム化という言葉を耳にするケースでは，ほとんどがIT化と同義で使われています。ですので，システム化とIT化は同じだといってもよさそうです。

　しかしながら，ここに少し落とし穴があります。ここでいう**システム**は**情報システム**と同義で使われています。情報システムは，情報処理を，コンピュータを使って行う仕組みのことを指していますので，私たちがふだん企業内でITと呼んでいるものと同じものを指しているといえます。ですが，システムという言葉は，企業活動の中では広い意味と狭い意味で使われることがあり，情報システムを指して使っているシステムという言葉は狭いほうに当たります。

　DX推進に限らず，企業活動の中で，前述の**システム化**のシステムが情報シ

ステムを指していることが，さまざまな問題を引き起こす原因になっている
ケースは数多くあります（**図表1-1**）。

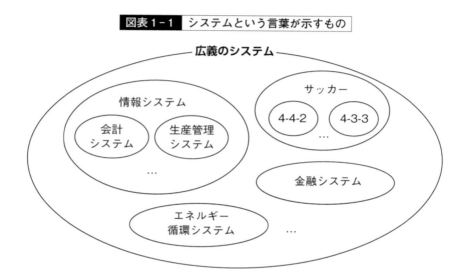

図表1-1　システムという言葉が示すもの

●**広義のシステム**

　ここで，広義のシステムを考えてみましょう。先ほどと同じ『広辞苑第七
版』で**システム**を調べると，「複数の要素が有機的に関係しあい全体としてま
とまった機能を発揮している要素の集合体。組織。系統。仕組み」とあります。
重要なのは，**複数の要素が有機的に関係しあう**という部分です。

　実は，企業改革推進の中でもよく登場する「システムを変える」「システム
化する」といったシステムは，情報システムそのものを指すのではなく，その
周辺にある人が行う業務や意思決定，あるいは，さまざまな経済活動を含めた
全体を指しています。情報システムもシステムである以上，さまざまな機能が
融合されており，システムと呼ぶことに違和感はありません。ただ，その**情報
システムも全体の一部でしかない**ということを認識しておかなければなりませ
ん（**図表1-2**）。

図表1-2　企業改革等で用いられる「システム」

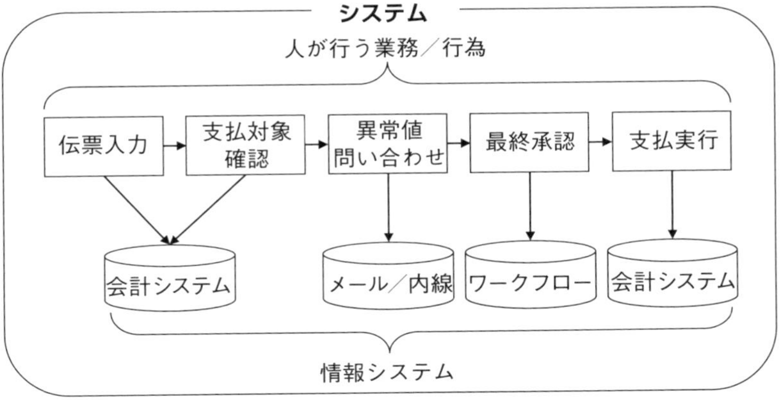

業務のスタート（インプット等）からゴール（アウトプット等）までの全体のプロセスを含み，人の行為と情報システムの組み合わせで構成されている（≠情報システム）

❷　「システム化」の例

●BCMS

　理解を深めるために，具体的な例を挙げてみましょう。**BCMS**という取組みがあります。これはBusiness Continuity Management Systemの略称で，日本語では事業継続マネジメントシステムと呼ばれています。国際規格であるISO22301で定義されているもので，当該認証を取得済み，あるいは取得に向けた活動を進めている日本企業も多いかと思います。

　「聞いたことないよ」という人もいるかもしれませんが，**BCP**という言葉なら耳にしたことはありませんか？　Business Continuity Planの略で，事業継続計画と訳されます。災害やその他の突発的なアクシデントによって企業活動がストップした時に，事業を復旧，再開して企業活動を一定のレベルに回復するための計画書のことをいいます。例えば，大きな自然災害が起こって従業員が出社できず業務が開始できないような事態になったときに，対策本部をどの

ように起ち上げて，従業員とどのような経路で連絡を取り，出社せずにリモートで業務を再開するための仕組みをどう作動させるか，といった手順が詳細に書かれたものがBCPです。多くの日本企業が数多くの自然災害や風水害の経験からBCPの策定に着手していますし，実際にコロナ禍の際にもBCPに基づいてリモートワークへと移行した企業もあります。

●システムの本質

　話を戻しますが，BCMSは，このような事業継続に関わる活動が経営と結びついた形で実施されており，それらの活動が効果的・効率的・継続的に運用されている状態を保つ仕組みとして機能させることをいいます。……これだとちょっとわかりにくいので，もう少し体系的に整理しましょう。

　BCMSは，先ほど出てきたBCPと，そのBCPを機能させる**BCM**（Business Continuity Management：事業継続マネジメント）から構成されます。BCMというのは，災害等の発生時に事業を継続させるために必要な活動を指しています。

　いざ災害等が起こると，計画書（BCP）だけがあっても実際には機能しません。退社後に起こった災害では，いつもオフィスで使っているパソコンは手元にありません。交通機関が麻痺して会社に行けない場合は，別の手段（ツール）が必要です。そのようなツール（具体的には，自宅のパソコンからアクセスできるようVPNを用意するとか，会社貸与のスマートフォンでアクセスできるようにするとか）を準備しておき，いざというときに従業員が使えるようスキルを身につけておいてもらう必要があります。こういったBCPを機能させるために必要な活動をBCMと呼んでいるのです。

　そして，BCMSは，BCPとBCMがちゃんと準備されていて機能するようになっているよね，絵に描いた餅にならないように毎年改善していっているよね，自己申告じゃなくて第三者が問題ないことを見ているよね，といった，全体の仕組みを指しています（**図表1-3**）。

図表1-3 BCMS（Business Continuity Management System）

プロセスすべてを含んだものがBCMS

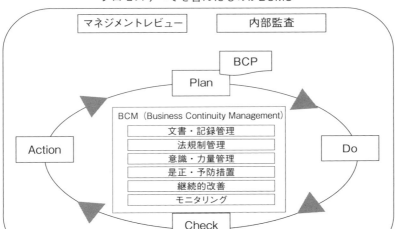

　かなり壮大な話になった感がありますが，**本来システムとは，このような全体の仕組み，さまざまな機能が統合されて全体として機能している状態を指す言葉**です。おわかりのように，BCMSの中にももちろん情報システムが含まれていますが，それだけを指しているのではありません。計画書だったり，人がどう動くかというプロセスだったり，状況変化に合わせて人が判断するルールだったりと，さまざまなものが情報システムとも連携しながら組み立てられることになります。

●全体感を持とう

　皆さんに質問です。

　現在取り組んでいる企業改革やDX推進活動は，このように全体のシステムとして捉えられていますか？　ツール導入や情報システム導入といった狭い範囲で一喜一憂していませんか？　思ったような結果が出ていないのは，一部の

ことしか考えておらず，システム全体が機能していないからではないですか？

　本書のテーマであるデータ管理やデータガバナンスにも関わる重要なポイントですので，ぜひ客観的な目で見つめ直してみてください。

［2］ HW，MW，SWって並べられても違いがよくわかりません

　ITやデジタルの文脈では，よくHW，MW，SWという言葉が出てきます。情報システム部門の人は中身をわかっているので気にせず使いますが，その他の部門の人の中には，よくわからないけれど，何となく理解しているふりをしてスルーしている人もいるのではないでしょうか。しかし，DXの推進は情報システム部門が補佐で，業務部門がメインで進めることも多い昨今，いい加減な理解では情報システム部門との交渉や開発ベンダーとの交渉で思わぬ行き違いが出てくるかもしれません。

　まずは用語の読み方からですが，HWはハードウェア（Hardware），MWはミドルウェア（Middleware），SWはソフトウェア（Software）ですね。これらは会話の中でも普通に使われていることと思います。情報システムで頻繁に出てくる用語ですし，家電やその他精密機器でもよく使われます。

　以下では，DXを念頭に，情報システム関連で使うケースに絞って，なるべく簡略化した言い方をしていきます。

❶　HW（ハードウェア）とは

　HWは，物理的なコンピュータそのものの機器を指しています。単にハードと呼ぶこともありますね。このコンピュータ機器というと，企業の中ではどうしても馬鹿でかいサーバー（冷蔵庫みたいなやつです）を想像する人が多いようですが，大きさはさまざまです。

　コンピュータ機器はいわゆるパソコン本体のようなものを指すわけではありません。処理装置（CPUとか入っているやつですね），記憶装置（ハードディスクとかSSD，メモリですね），入力装置（キーボードやマウスとかです），出

力装置（ディスプレイとかです）が一体になっていたり，バラバラになっていたりしますので，今持っているイメージはそのままに，それ以外に細かいものも含まれているということを理解しておけば問題ありません。皆さんがお持ちであろうスマートフォンもHWですし，VRゴーグルやジョギングで腕に付ける活動量計もHWです。

　その名のとおり基本は固い物体ですので，つなげて使うものも含めて，形ある電子機器はすべてHWと思っておいて問題ないと思います（昨今はくるくる巻いてしまえるキーボードなどがあるので，必ずしも固いとは限らないのですが…）。

❷　よく耳にするサーバーとは？

　今サーバーという言葉が出てきました。こちらも整理しておきましょう。

　乱暴なほど簡単にですが，コンピュータの歴史を振り返ると，企業の業務にコンピュータが活用され始めた頃は，図体の大きなコンピュータが主流でした。ホストとかメインフレームとか呼ばれていましたが，今でも金融機関の勘定系処理はこのタイプのコンピュータが使われることが多いです。中央のコンピュータですべての処理を行い，ユーザーは端末で入出力するという形になります。

●クライアントサーバーシステム

　その後1990年代に入ると，パソコンが普及し始めます。それとともにクライアントサーバーシステムが主流となります。クライアントコンピュータがユーザーの各パソコンで，サーバーと呼ばれるコンピュータが中央にいて，クライアント側とやり取りをするイメージです。クライアント側の処理能力が上がったので，これまで中央のコンピュータでやっていた処理をクライアント側（パソコン）に一部やってもらい，中央の負荷を減らして全体として効率的な運用ができるようにしたものです。サーバーは，ファイルを置いておいてそのやり取りだけを司るもの（ファイルサーバー）もあれば，さまざまな計算処理をク

ライアント側とは別に行うサーバー（アプリケーションサーバー）もあり，その形態はさまざまです。

　クライアントサーバーシステムを略してクラサバと呼ぶこともありますが，**長らくこのクラサバが企業の情報システムにおける主流**になっていました。クライアントソフトウェアと呼ばれるアプリケーションをクライアント側（ユーザーのパソコン）にインストールして，重たい処理はサーバー側のプログラムで，そうでない部分をクライアント側で処理を行い，相互に通信し連携することで全体としての機能を満たすわけです。しかし，クライアントにプログラムをインストールする手間であるとか，そのプログラムのバージョン管理といった面で負荷が高く，頻繁な更新をするには向かない面もありました。

●Webシステム

　そうした問題を解決するものとして，昨今主流になっているのはWebシステムです。インターネットの普及もあって，Webブラウザは必ずどのパソコンにも入っている状況です。このWebブラウザを使ってサーバーにアクセスする形態を取っているシステムのことを，**Webシステム**と呼んでいます。クラウドも，このWebシステムの範疇になりますね。

　DXの文脈で情報システムを構築する際にもこの形を採っていることが多いのですが，一方で，企業の既存システムにクラサバが多いと，データのやり取り等に関して情報システム部門やベンダー等との会話が成立しなくなることもあります。ですので，両者の基本的な構造は理解しておいて損はないと思います（図表1-4）。

❸　SW（ソフトウェア）とは

　さて，話を元に戻しましょう。HWに対して，次にSWを説明します。SWは物理的な形はありません。コンピュータに命令を出すプログラムのことをSWと呼んでいます。ふだんお使いのマイクロソフトエクセル，ワード，パワーポイントはSWの代表格ですね。

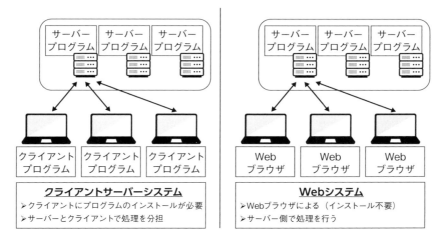

図表1-4 クライアントサーバーシステムとWebシステム

　こういったワードやエクセル等のユーザーが，目的（絵を描きたいとか計算したいとか）に応じて利用する機能を持ったSWのことをアプリケーションと呼んでいます。アプリケーションを縮めたアプリという言葉をよく耳にするかと思いますが，もともとは同じものを指して使っていました。しかし昨今では，スマートフォン等で使うアプリケーションという狭い意味で使うことが一般化してきています。ですので，業務の中でアプリという言葉が出てきた場合には，スマートフォンで使うアプリケーションのことだなと認識し，アプリケーションといえばパソコン上やサーバー上で動くものだと思っておけば大丈夫でしょう。

❹　MW（ミドルウェア）とは

●アプリケーションとオペレーティングシステムの中間
　HW，SWと来て，MWです。MWも形がなく，コンピュータに命令を出すプログラムであることから，SWの一種です。大きくはHWとSWがあって，SWの中にMWと呼んでいるものがありますよ，ということですね。

　情報システムでMWといったときには，先ほど出てきたアプリケーションと
OS（オペレーティングシステム）の中間にある層を指します。OSは，皆さん
のパソコンでいうと，WindowsやMac OSのような，ファイルを移動したり文
字を書いたりといった基本的な動きをしてくれるソフトウェアのことです。い
わゆる制御する基盤となるソフトウェアなのですが，個人のパソコンの場合と
企業で使うサーバー等で用いるOSに違いがあることから，MWの理解ができ
にくくなっています。

　WindowsやMac OSのような，パソコンにインストールされ，ふだん個人で
使っているOSは，多数のパソコンの同時接続といったことができません。1
つのパソコンの中だけで完結できる処理であれば，MWは必要ないのですが，
ユーザーの使うアプリケーションがインストールされているパソコン群と，
サーバーの基盤となるOSをつなぐためには，さまざまなやり取りが必要にな
ります。そのやり取りの部分を担当しているのがMWです。具体的には，Web
サーバーやアプリケーションサーバー，データベースサーバーといったサー
バーソフトウェアや，バックアップや監視といった機能を持つソフトウェア，
その他にもさまざまな機能を持つMWが存在しています（**図表1-5**）。

図表1-5　HW，MW，SWの関係

コンピュータ	ソフトウェア（SW）	アプリケーション	➤個別の演算処理を行うプログラム ➤業務の遂行に特化したプログラム
		ミドルウェア（MW）	➤特定の処理や動作を行えるようにする ➤サーバーソフトウェア／監視／バックアップetc.
		オペレーティングシステム（OS）	➤汎用的な機能を担う ➤入出力／ファイル操作etc.
	ハードウェア（HW）		➤物理的な機器類 ➤PC／サーバー／ルーター／スマートフォンetc.

●アプリケーションの共通部分を担う

　個別のアプリケーションにすべての機能を載せると膨大なプログラムが必要になったり，そのためのエンジニアを用意したりしないといけないといった非効率が生じます。しかも，サーバー側のOSは基本的な処理を行うプログラムなので，特定の計算処理をするには限界があります。そこで，さまざまなアプリケーションで共通的に使う機能を専門に行うMWを作って，それぞれのアプリケーションはそのMWの機能を借りることによってユーザーが処理したいことに集中して開発できるようにしたのです。

　もう1つ重要な役割としては，数あるクライアントのOSの違いを吸収することができるということです。Windows用の処理，Mac用の処理を別々にプログラムする必要がないように，MWに決まった形で命令を渡せば，後はすべてMWが担当してくれるところが大きなメリットでもあります。

　アプリケーションとMWの関係は，ショッピングモールにたとえることができます。顧客（ユーザー）が訪れるのはモールの中にある店舗ですので，店舗がアプリケーションに当たり，廊下を含むフロアやそこに設置されたトイレやエレベータ，駐車場等がMWに当たります。各店舗が共通で使う機能ですね。OSに当たるのは土地や電気，水道といったところになります。

　ちょっと乱暴ではありますが，そういう共通部分で何らか処理しているものがMWだなという程度の理解があれば，業務を進めるうえでは大丈夫です。重要なのは，**サーバーとクライアントをつなぐ部分が存在している（勝手につながったり処理ができたりするわけではない）ことを認識できているかどうか**です。

●DXでは意外とMWが重要

　HW，SW，そしてSWの一部としてのMWについて見てきました。この中で，情報システム部門以外の部門に所属する人が，システム導入やDX推進の中で意識するのはSW，特にアプリケーションの部分です。そして，DXの場合は，アプリケーション（アプリを含む）をかなり小さな単位で開発することが多く，

そのアプリケーションが持つ細かな機能に目が行きがちです。

　そうなると，MWのことを意識せずにさまざまなアプリケーションをバラバラに作り，共通機能やサーバーとアプリケーションをつなぐ部分の仕様をおろそかにする傾向が強まります。このことは，アプリケーション間の連携を難しくしてトラブルを発生させたり，複数の機能が散在することからセキュリティ対策を難しくしたり，といった**深刻な弊害**をもたらします。社内外との連携を強くすることを志向することが多いDXの場合，この部分が足を引っ張っている可能性があります。

3 デジタルって結局，何のこと？

　もともと，日々の生活の中でデジタルという言葉は頻繁に登場するものでしたが，こと昨今のビジネスの世界で頻繁に登場するデジタルという言葉は，人によって言っている内容や範囲がバラバラな印象を受けます。それだけ定義がはっきりしていないのだと解釈してしまうかもしれませんが，実は使っている人がわかっていないだけだと思われます。

❶ デジタルの本来の意味

　デジタルは，そもそもアナログに対して出てきた言葉です。アナログというのもあまりちゃんと説明できない言葉かもしれません。ビジネスの現場であっても，アナログ放送とかアナログ時計といった言葉を使ったことのない人が出てきているのも事実です。

　アナログは，連続した量を他の連続した量で表示すること，と定義されます。例を挙げると，アナログ時計は時間という連続している量を，時計の文字盤上の連続している角度で表しているということになります。

　それに対してデジタルは，連続していません。**０か１のデコボコした状態ですべてを表現する**ことになります。このデジタルの特性（正確，再現性が高い，伝送による劣化がない等）を活かして，現在私たちの身の回りではさまざまな

モノがデジタル技術を使っています。

❷　企業活動で使うデジタルの意味

　ビジネスで頻繁に使われるデジタルとは，企業活動にまつわるさまざまな情報を，この0と1で表現するデジタル技術を使って活用するという意味合いで使われています。つまり，デジタル技術とは，あらゆるものをデジタル（＝0と1からなるデータ）で表現する技術であり，それを活用することで早くデータを遠くに届けたり，何度も再利用したり，はたまた人の手では計算できなかったことをコンピュータに計算させることでさらに複雑なことを実現しようという取組み全体を指して，デジタルへの取組み（＝デジタル化）と呼んでいるのです。

　例えば，映像や音楽，人の心拍数，センサーの情報，書類の内容といったものは，すべてデジタル技術によって0と1からなるデータに変換され，物理的な輸送を伴わずして伝送することが可能になります。また，紙の書類ではどこに何が書いてあるか探すのが大変ですが，データになれば検索ができるようになります。カテゴリに分けて分析することも容易になります。

　このように，デジタル技術がもたらす恩恵を企業活動に活かしていこうというものが，ビジネスで用いられるデジタルであり，デジタル化ということになります（**図表1-6**）。

❸　デジタル＝データ

　ここには，デジタル化やDXといった，いま重要だとされている企業の取組みに対する根源があります。つまり，デジタルとは0と1からなるデータだということです。企業活動のあらゆることをデータで認識する，データをもとに意思決定する／行動する，データを使ってあらゆる意思疎通をする，といったことがデジタルだということです。

　ビジネス（企業活動）の中でデジタルという言葉が持つ意味は，単に流行りのツールを入れたり，AIを使ったりすることではありません。**データでどの**

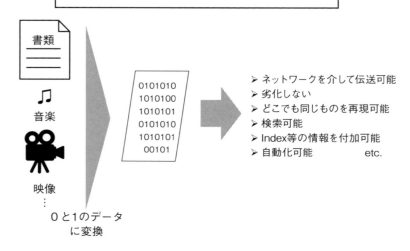

図表1-6　デジタルとは

デジタル＝データ（さまざまな事象を0と1で表す）

書類

音楽

映像
⋮

0と1のデータ
に変換

0101010
1010100
1010101
0101010
1010101
00101

➤ ネットワークを介して伝送可能
➤ 劣化しない
➤ どこでも同じものを再現可能
➤ 検索可能
➤ Index等の情報を付加可能
➤ 自動化可能　　　　etc.

ようにさまざまな事象を表すか，データを使ってどう物理的な距離や時間をな
くすか，といった観点で，ビジネスにデータを活用していくことが本質なので
す。そこを理解せずに，他社の取組みや事例を見ながらDX推進活動をしてい
るのでは，期待している結果が出てきません。**同じデータでも，企業にとって
の意味合い（重要度や利活用によるメリット等）は異なります。**いまそのよう
な状況に陥っていないか，再度検証してみてください。

4 データサイエンティストは いないとまずいですか？

　データサイエンティストという言葉は，デジタルの時代になって日の目を見
るようになりました。その名のとおりデータでサイエンスをする人なので，
データから真理（あるいは気付き）を導く役割を担うことになります。

　よく耳にするイメージは，統計やデータ解析の専門家で，SQL（データベー

ス を制御するコンピュータ言語）をゴリゴリ書きながらグラフをぱっと出したりして，とにかくデータを扱えるITにも滅法詳しい人というところでしょうか。このイメージ自体間違っているとはいいませんが，どこまでのレベルが必要なのか釈然としません。DXやデータドリブン経営の文脈では，必ずといっていいほど重要な役割として必須扱いされていて，非常にレベルの高いデータサイエンティストがいないとデータドリブン経営やDXは成功しないような論調も目立ちます。

❶　DXで何をやりたいのか

　ここで冷静に考えてください。いま取り組んでいるデータを扱う業務やプロジェクトで，複雑な数理モデルや統計処理を行う必要があるものはどれぐらいありますか？　もちろん，創薬の研究開発や企業価値の査定といった業務では，高度な数理モデルが必要になるでしょう。しかし，それをやる人はその道の専門家で，自らそういった数理モデル等をすでに理解して使っている人たちです。

　現在多くの日本企業で取り組んでいるDXでは，もっと単純な分析であったり，データを整理したり簡単な機械学習をさせて自動化を試みるといったものが大半です。何よりも，DX推進担当者がそんな統計解析の専門家ではないケースがほとんどです。わからない人が数理モデルを使った解析結果を見ても，その内容の理解はできませんし，そこから次のアクションにつなげることもできないでしょう。にもかかわらず，「データサイエンティストが必要だ」「そういう人材を採用しないとダメだ」と大騒ぎしている企業が多すぎます。

❷　扱うデータから必要性を考える

　もともと皆さんがイメージしているようなデータサイエンティストたる人材は少数です。以前よりもそのニーズが高まっていることは事実ですが，企業活動の大半はそこまでの専門性を必要としていません。エクセルで関数を少し使えるくらいで十分すぎるくらいの取組みが多いですし，そんな複雑な計算をやった結果を経営者がホイホイと信じて使うことはありません。経営者を含む

組織のデータに対する理解や，データに対するリテラシーを底上げしていかないまま，データサイエンティストだけとびきりの人材を用意できても宝の持ち腐れです。

　自社に合った，現在の経営レベルも勘案したデータ処理・分析のレベルを見極めることが，データサイエンティストの採用や育成よりも，DXの成功には重要であることを理解することが先決です（**図表1-7**）。

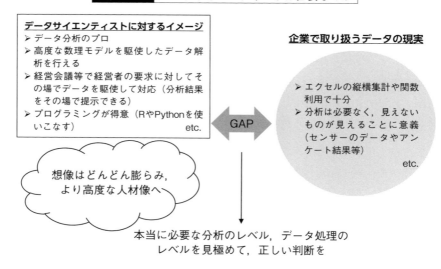

図表1-7　データサイエンティストは必要なのか

データサイエンティストに対するイメージ
➢ データ分析のプロ
➢ 高度な数理モデルを駆使したデータ解析を行える
➢ 経営会議等で経営者の要求に対してその場でデータを駆使して対応（分析結果をその場で提示できる）
➢ プログラミングが得意（RやPythonを使いこなす）
　　　　　　　　　　　　　　　　　etc.

企業で取り扱うデータの現実

➢ エクセルの縦横集計や関数利用で十分
➢ 分析は必要なく，見えないものが見えることに意義（センサーのデータやアンケート結果等）
　　　　　　　　　　　　　etc.

GAP

想像はどんどん膨らみ，より高度な人材像へ

本当に必要な分析のレベル，データ処理のレベルを見極めて，正しい判断を

5 データガバナンスって何ですか？

　データにまつわる基礎という観点では最後のお題です。データガバナンスという言葉も昨今よく耳にしているかと思います。ガバナンスという言葉自体は，コーポレートガバナンス（企業統治）の文脈で以前からよく議論されているので，そのデータ版だろうというイメージを持っている人は多いのではないでしょうか。ガバナンスという言葉が統治・支配・管理という訳され方をするの

で，コーポレートガバナンスのイメージと相まって，データを統制・管理する
手法という理解をしている人も多いと思います。

　間違ってはいませんが，意外と統制の側面を強く意識している人は多く，そ
のせいで本来のデータガバナンスが目指すものが実現できていないケースが多
いのが現状です。これは結局，ガバナンスという言葉の意味を正しく理解して
いないことに起因しています。正しくデータマネジメントを理解するためには，
まず以下のことを頭に刷り込んでおく必要があります。

　✓ データガバナンス≠データ統制
　✓ データガバナンス≠データマネジメント

❶　データガバナンス≠データ統制

　まず，データガバナンスはデータ統制ではない，ということから説明してい
きましょう。

　そもそもの話から入りますが，データガバナンスの目的は何でしょうか。こ
の点を間違えないことが一番重要なのですが，不正や漏洩を取り締まることと
捉えていては，どうしても「データガバナンス＝データ統制」ということをイ
メージしてしまいます。

　データガバナンスの本来の目的は，**データを正しく使って価値を創出するこ
と**です。この「正しく使って」という意味合いには，前出のデータ統制の意味
を含んでいます。データを使って価値を創出するためには，誤ったデータが混
じったり，改竄が行われたり，情報漏洩が起きたりしないようにしっかりと統
制，統治されている必要があります。間違ったデータをもとに導いた洞察は何
の価値もありませんし，せっかく導いた洞察も漏洩してしまっては価値を失っ
てしまいます。

　かといって，データの登録や処理に厳しいルールを適用し，セキュリティを
含めて厳格にしすぎると，利用するための手間が増大してデータが使われなく
なり，データから価値を創出することが困難になります。データガバナンス＝
データ統制という意識が強くなればなるほど，データ利用が難しくなるのです。

　ここで認識してもらう必要があるのは，データガバナンス≠データ統制であり，データガバナンスはデータ統制を含むものであるということ，また「**データガバナンス＝データ活用を推進するためのさまざまな手立て＋データ統制**」のことだということです。

❷　データガバナンス≠データマネジメント

　まだ何ともしっくりきていない人もいるかと思いますので，❶を踏まえて，データガバナンスとデータマネジメントとはどう違うのか，説明しましょう。どちらかがもう片方の内容を包含しているということでしょうか。それとも別々なのでしょうか。

　答えは，データガバナンスとデータマネジメントは別物です。しかし，**2つは密接に関係しています**。そのことこそが，データそして管理を含めたデータ活用にとって最も理解しなければならないことです。

●データガバナンスとデータマネジメントの関係性

　少し小難しい理論的なことになってしまいますが，ご容赦ください。ガバナンスは経営層の仕事であり，ステークホルダーのニーズや，条件，選択肢を評価し，優先順位の設定や意思決定によって方向性を定め，合意した方向性と目標に沿ってパフォーマンスや準拠性をモニタリングすることと定義できます。要は，データガバナンスとは，戦略策定段階で経営層がどんなデータを使って何をするかを決めて，そのとおりにデータを使えているかどうか（安全性を含め）をモニタリングし，問題があれば改善する（方針転換や方針の追加）ことを指しています。

　一方，マネジメントは実務層の実施事項となります。この点でガバナンスとは実施主体が異なっています。理論的に説明すると，事業体の目標達成に向けてガバナンス主体が定めた方向性と整合するように，アクティビティを計画，構築，実行し，評価すること，となります。要は，ガバナンス側が先ほど定めた方向性に従って，実際のデータ活用実務を担うことを指しています。

　したがって，ガバナンス側がデータ活用の方向性を決め，そのとおりに実務層がデータマネジメントの実務を行い，ガバナンス側はマネジメント側のやった内容が当初想定どおりかどうかをモニタリング，評価する，という流れが構築されることになります。

●全体としての機能

　おわかりのように，どちらか片方だけでは，DXでいうデジタル（＝データ）を使った変革は成立しませんし，ガバナンスもしくはマネジメントのどちらか片方でも正しく運用されていない（例えば，ガチガチの統制をしているガバナンス，タイムリーに入力されない実務層によるデータ等）と，データドリブン経営は成り立たないということなのです。

　先ほど出てきたBCMSと同じイメージですね。BCPやBCM単独では意味がなく，全体として機能する形としてのBCMSの実現が必要だという関係でした。データ統制やデータマネジメント単独ではなく，全体として機能してはじめてデータガバナンスが成立するという，そんな関係なのです（**図表1-8**）。

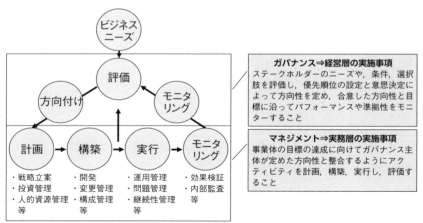

図表1-8　データガバナンス

出所：ISACA「COBIT® 5 Enabling Processes日本語版」P.27図表9に基づき作成

❸ データガバナンスが機能する，とは？

●勤怠をめぐるデータガバナンス／データマネジメントの例

　具体的な例を挙げましょう。ブラック企業にならない（あるいはブラック企業体質から脱却する）ように，従業員の残業時間のデータを個人別に，30分単位で取得して，所定時間を超えた場合にはアラートを上げる仕組みを構築するとします。その仕組みを通じて業務投下時間の透明性の向上と，適切なマネジメントができているかどうかの評価を行おうと，ガバナンス側が方針決定したわけです。

　マネジメント側はその方針に従って，情報システム部門に勤怠入力データの抽出をお願いし，取得したデータをもとに所定時間を超えた従業員がいる部門に対して改善指導を行います。しかし，所定時間を超過していた従業員は想定していたよりも少なく，部門間の差も大きなものではありませんでした。経営企画部門はその状況に疑問を呈し調査を行ったところ，上司への忖度により少なめに労働時間を申告している従業員が多くいたことが明るみに出ます。ただちに経営企画部門はその状況の是正を指示し，次月以降，正しい労働時間データが入力され，活用されることになりました。

　その状況をガバナンス側はモニタリングし，経営企画部門が行っているマネジメントが正しく機能していることを評価し，今度は有休取得状況のデータを正しく取得して，十分な休みを与えられているかどうかを，データを使って評価するという方向性を新たに提示しました。

●マネジメントをモニタリングできているか

　上記の例ではデータガバナンスが正しく機能しています。たとえ忖度をしていた部門があることに経営企画部門が気づいていない場合でも，ガバナンス側がモニタリングの過程で，想定と違う結果が出ていることに関して経営企画部門に調査を指示し，その結果，正しく入力されていなかったことが判明したならば，ガバナンスは機能しているといえます。各部門のマネジメントでしかる

べき対応ができていないところは改善すべきですが，そういったことも含めて，会社全体で一定のレベルを担保できているということは，データガバナンスが正しく機能しているということなのです。

　もうお気づきかと思いますが，結局のところDXがうまくいっていない原因に，データ活用の点が含まれているのであれば，データガバナンスの機能不全という結論に行き着きます。データの管理に問題がある，つまりデータマネジメントの不備ということも当然ありますが，**その不備を指摘できていないデータガバナンスも合わせて改善しない限り，DXは成功しない**ということです。

　果たして，皆さんの組織は，データガバナンスがちゃんと機能しているでしょうか。

6　インターネット，LAN，イントラネット，ネットワーク関連がよくわかりません

　デジタルの時代であることは否定のしようがないところまで来ていますが，その中で，ネットワークというものがないと始まらないということは薄々感じているのではありませんか？　ただ，このネットワークに関わる用語がいろいろありすぎて，正直よくわからないという人は多いと思います。いわゆるITに詳しい人やDXのコンサルタントでもちゃんとわかっている人が果たしてどれぐらいいるのだろうかというくらい，ネットワーク技術に精通している人は今の日本ではそう多くはありません。

　日々専門的に携わっているIT技術者並みにネットワーク技術に精通している必要はありませんが，DXを成功させるためには，一定のネットワークの仕組みや技術の変遷等を理解しておく必要があります。そのためにも，用語はきっちりと押さえておかないといけません。なお，ここでいっているネットワークとは，コンピュータ等の情報機器をケーブル等（無線も含みます）でつないで，あらゆる情報をやり取りする仕組みのことを指しています。

❶ 最低限理解が必要なネットワークの種類

　ネットワークに関しては，専門的になればなるほど，素人には遠い存在になる専門用語が飛び交いますので，ここでは，DX推進を行う観点で最低限知っておかないといけないレベルを想定して説明します。

●LANとインターネット

　まずは何よりも最初に，かつ，はっきりと理解しておかないといけないのは，社内LANとインターネットの違いです。LANはLocal Area Networkの略ですが，Localという名が表すとおり，限られた範囲のネットワークを指しています。通常は社内LANということも多く，企業内だけに張り巡らされたネットワークを表しているケースがほとんどかと思います。

　一方でインターネットは，誰でも耳にするネットワークですね。これは簡単にいうと，世界中のコンピュータをつなぐネットワークということになります。もう少し定義を明確にすると，インターネットプロトコル（TCP/IP）と呼ばれる通信プロトコルを使ってつながれたコンピュータネットワークのこと，となるでしょうか。通信プロトコルというのは，通信を行うための手順等の決まり事で，これが同じでないとやり取りができません。その手順等を世界中で標準化されたものを使うことで，より広域でつながるようになっているものがインターネットです。

●WAN

　この2つは頻繁に聞くことがあるかと思いますので，その違いをおおむね理解したということで話を進めます。LANに関連してよく出てくる用語も関連づけながら整理しておきましょう。

　LANに対してWANという言葉が出てくることがあります。Wide Area Networkの略で，その名のとおりLANよりもWide，つまり広域に跨るネットワークということになります。LAN同士をつなげたイメージを持つといいと

いわれていますが，LAN同士をつないで，より広域に情報伝達ができるようにしたものがWANということになります。

　広域という意味では，インターネットもWANの一種だという解釈もあるのですが，企業にいてWANといえば，海外子会社も含めて同じグループ企業のネットワークをつなげたものと解釈されることが普通です。したがって，**WANはLANのでっかい版**（物理的に相当離れたところまで届いているLAN）というイメージで理解しておけばよいかと思います。

　対してインターネットは，**不特定多数のコンピュータとつながるネットワークです**（図表1-9）。

図表1-9　ネットワーク関係図

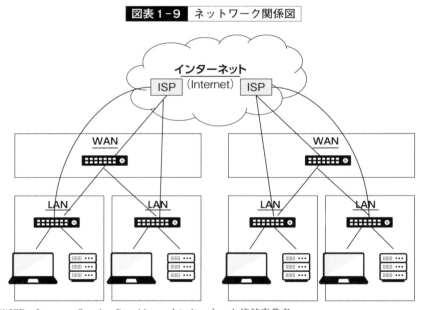

※ISP＝Internet Service Provider，インターネット接続事業者

❷　無線LANとWi-Fi

　無線LANという言葉も日頃耳にしますね。有線LANに対して無線LANが出てきたのですが，いまでは誰もが無線LANを使っている状況かと思います。

　有線LANはその名のとおり，LANケーブルを使って物理的につなぐものでしたが，いつしか企業のパソコンもラップトップPC（ノートPC）が主流になって社内を持ち運ぶようになったため，煩わしい有線から，どこでもネットワークにつながるよう無線LANに変わっていったという経緯があります。

　ただ，この無線LANという言い方は昨今ではあまり耳にしなくなり，Wi-Fi（ワイファイ）という言葉が主流になっています。Wi-Fi6（ワイファイシックス）に代表されるように，デジタルの世界では無線のネットワークにさまざまな単語が出てきているので，混乱している人もいるかもしれません。

●Wi-Fi普及の経緯

　このWi-Fiですが，無線LANに関する登録商標だということをご存じでしょうか。アメリカに本拠を置く業界団体が，さまざまな製品で相互接続ができることを認証し，一般家庭を含むユーザーへの普及を後押しするためにWi-Fi認証制度を設けました。国際基準であるIEEE（アイトリプルイー）802.11に準拠している製品に対してWi-Fi認証のロゴが付されることで，ユーザーは製品の対応／非対応を意識せずに安心して機器を購入し，ネットワークに無線でつなぐことができるようになりました。

　現時点で企業活動の中でWi-Fiのロゴが付いていない製品を使うことはまずないかと思いますので，私たちがふだんWi-Fiと呼んでいる時には無線LANを指していると解釈して問題ないと思います。

●DX推進上の留意点

　ちなみに，昨今よく耳にするWi-Fi6対応といっているのはIEEE802.11axという規格がWi-Fi CERTIFIED 6と呼ばれており，略称としてWi-Fi6を使って

いうというところから来ています。それぞれの規格の詳細は専門書に譲りますが，私たちが認識しておくべきは，無線LAN（Wi-Fi）の新しい規格ほど通信速度が速い，あるいは電波が届きやすくなるといった特徴を持っているということです。DXを通じて，より多くのデータをやり取りする必要が出てきた場合には，実用的な使い勝手を確保するために高速ネットワーク環境が必要になるため，より新しい規格の機器に買い換える必要があります。それは無線LANルーター等のネットワーク機器のみならず，パソコンをはじめとする端末側も新しい規格に対応している必要がありますので，そういったことにも気を配る必要があるということです。

　よくあるのは，パソコンやスマートフォン／タブレットはどんどん進化して最新のWi-Fi6対応になっているのですが，企業内の無線LANルーターがWi-Fi5までしか対応していないといったケースです。当然Wi-Fi5での接続しかできなくなりますので，Wi-Fi6の恩恵が受けられない結果になります。

　また，一般家庭が頻繁に家庭の無線LAN環境を新しくするかというと，壊れるまでそのままというケースが多数派かと思います。そうなると，企業がDX推進の中で開発したアプリを一般家庭のユーザーに提供する際，高速な回線を前提としたものではユーザーが使えないということも考えられます。常にそのあたりまで気を配ったDX推進が求められるということを意識する必要があります。

❸　移動通信システム

●4G，5G

　さて，無線の話にいったので，移動通信システムの話にも触れておきます。

　前述の無線LANの話は，企業内のLANを無線にすることを念頭に置いていました。しかし，企業の外のユーザー（一般家庭や法人）に対してアプリを提供する場合，インターネットを経由して，そのアプリなりサイトを使ってもらうことになります。

　その際に多く使われる端末として，スマートフォンが挙げられます。ご存じ

のように，スマートフォンは外出時でも，特に配線する必要もなくインターネットにつながる便利なものですが，この際に使われているものが移動通信システムと呼ばれているものです。こう表現するとピンと来ないのですが，通常は５G（ファイブジー）とか４G（フォージー）といっていますので，これを聞くとピンと来る人も多いのではないでしょうか。

　通信規格そのものの詳細を理解する必要はありませんので，Wi-Fiと同じく，新しい（数字の大きい）規格のほうが高速だったり，つながりやすくなっていたり，というメリットがあるというふうに理解してください。日本ではiPhoneの普及以来，３G→４G→５Gという流れで移動通信システムが普及してきており，2022年現在では４Gが主流です。５G対応の端末が普及してきていますが，回線を提供するプロバイダー側がアンテナ設置等の対応を順次進めている段階で，どこでも５Gがつながる環境はまだ提供できていません。また，都市部を離れると５Gどころか４Gも安定しないケースもあるというところが，企業内のWi-Fiと異なる環境だという点も押さえておく必要があります。

●どれほどの通信速度を必要としているか

　環境にもよるので，この場限りの乱暴な解釈だと思ってください。５Gが普及すると，現在の企業内LANくらいの通信環境（速度や転送データ量）が，移動していても確保できるようになる，というイメージです。したがって，先ほどのWi-Fiと同様，DXにおいて提供されるアプリがどれほどの通信速度を必要としているのか，少々電波が悪い状態でもユーザービリティが下がらないような作りになっているのか，といった点を，テストやパイロット導入を通じて検証することが不可欠になります。

　ユーザーが自分の置かれた環境で快適に使える代物かどうか，という観点で，いま一度点検をお願いしたいところです。

❹　イントラネット

　この項の最後に，イントラネットにも触れておきましょう。この用語もIT

導入やDXの世界でよく耳にします。

　インターネットに対比してイントラネットを使うことが多いのですが，インターネットが世界中のパソコンにつながる，いわば外の世界であるのに対して，イントラネットは企業内のネットワークのことを指しています。だとすると，先ほど**社内LANといっていたものと一緒**じゃないかという声が聞こえてきそうですが，はい，そのとおりです。イントラネットは通常，社内の閉じた世界のネットワークを指します。より厳密な定義として，イントラネットはインターネットと同じ方式（TCP/IP）を活用している企業内ネットワークのことをいいます。ですが，現在，企業内ネットワークを構築する際にTCP/IP以外を使うことはほぼないので，イントラネットも企業内ネットワークであるLANも同じものと判断して問題ないと思います。

　以上をまとめると，ネットワークには企業内のLANとインターネットという，大きくは企業の内と外のものがあって，それらを相互につなぐ形態でWANとかイントラネットとか呼び方がさまざまあるものの，結局は内と外（インターネットとそれ以外）という関係に帰着します。そのネットワークにつなぐ方法として有線と無線があり，無線の中には移動通信システムというものもあって，これがスマートフォンのような外出時にも使える回線になりますよ，というところでしょうか。

　ネットワークはデータを運ぶインフラとなりますので，デジタル（データ）の時代において最も重要なものといっても差し支えないものになります。詳細な技術を理解する必要はないかと思いますが，一定の知識がないとデータを正しく伝送することができず，結果としてDXは失敗します。セキュリティ面でも非常に重要な要素となりますので，苦手意識は少なくともなくしておくことが重要です。後ほど，セキュリティ関連の項で再度ネットワークのことが出てきますので，ここではまず概要を押さえておいてください。

7 サイバーって何のこと？
セキュリティと違うの？

　サイバーという言葉は新聞でもよく目にします。サイバー攻撃を受けたであるとか，サイバー空間がどうのといった具合です。さまざまな文脈で使われているので，日頃の業務やDX推進の現場でサイバーという言葉が出てきたときに，さまざまな意味を含んでいることが少なくありません。それが理解を妨げてしまっているので，ちょっとここで整理してみましょう。

❶ 「サイバー」が示すこと

　サイバー（Cyber）のもともとの意味は，コンピュータあるいはコンピュータネットワーク／インターネットを表す接頭辞です。そういう意味では，**サイバーの後ろに何らかの言葉が付いて意味をなす**という形になります。サイバー攻撃ならコンピュータやネットワークに対して不正なアクセスを試みたり，データの持ち出しや破壊を行ったりする行為を指すことになります。

　しかしながら，サイバーという言葉単独でも登場してしまうので混乱を引き起こしている感があります。したがって，サイバーという言葉に出会った際には，サイバーの後に何の言葉が省略されているのかを意識し，曖昧な場合にはサイバー〇〇の〇〇部分を強調して確認するように心がけることで，混乱は避けられるかと思います。

　さて，DX推進の文脈で押さえておかないといけないサイバー系の用語は，主に以下のようなところです。

　　✓ サイバー攻撃
　　✓ サイバーセキュリティ
　　✓ サイバー空間（スペース）

❷　サイバー攻撃とは

●ハッキング／クラッキングとの違い

　サイバー攻撃は前述のとおり，コンピュータやネットワークに対して行われる不正な攻撃のことで，サイバー攻撃を受けるという表現をします。**ハッキング**という言葉もよく使われますが，これはコンピュータに侵入することを表していますので，サイバー攻撃と同じ意味ではありません。

　ハッキングという言葉には，もともと悪い意味合いが含まれていないため，悪意を持った（犯罪行為を含む）コンピュータへの侵入は**クラッキング**と呼んで区別することもしばしばあります。このクラッキングがサイバー攻撃の一形態ということになります。ハッキングをする人という**ハッカー**という言葉も，もともと悪意の意味はありません。善良な技術者としての意味合いを持つハッカーのことを，クラッカー（クラッキングをする人）と区別するために**ホワイトハッカー**と呼ぶこともあります。

　しかし，未だに，悪意を持った人にコンピュータを乗っ取られることをハッキングと呼ぶことが日本では多く，ホワイトハッカーと呼ばれる人も，過去に悪いことをしていた人と捉えている人も少なくありません。ホワイトハッカーは今後，DX推進やIT化／デジタル化を進めてきた多くの日本企業にとって非常に重要な役割を果たすことに加え，これらの人たちが担う分野が企業経営上最も重要視されなければならないという点について，理解を深めていってもらいたいと思います（詳細は第4章で説明します）。

●コンピュータウイルス

　話をサイバー攻撃に戻すと，サイバー攻撃の仕組みは巧妙かつ高度化してきているとともに，そもそもクラッキングを行わないケースも存在します。まず基本として，攻撃される際の形態やそれにまつわる用語をきちんと理解しておきましょう。

　最近お目にかかる頻度が少なくなった**コンピュータウイルス**という言葉があ

ります。一昔前にサイバー攻撃という言葉がまだ世に浸透していない頃には，主にコンピュータウイルスに感染する＝サイバー攻撃に遭うという図式になっていました。ただ，最近は**マルウェア**という言葉のほうがよく耳にするようになっており，数あるサイバー攻撃の種類の中の一形態という位置づけになっています。

コンピュータウイルスにせよマルウェアにせよ，実物はコンピュータプログラムです。ウイルスという名称がつけられていることからわかるように，さまざまな悪意のあるプログラムコードを実行し，自ら増殖していくことで被害を大きくしていきます。コンピュータウイルスは**ファイルを媒介（ファイルの中にプログラムを潜ませる）にして，他のファイルに同じコードをコピーしていくことで増殖**します。単にファイルが置いてあるだけでは感染しませんが，ひとたびファイルを開いたり，マクロを実行したりすると，悪意のあるコードが実行され，多くの人にメールを送りつけて感染者を増やしたり，データを破壊したり，さまざまな不具合を起こします。コンピュータウイルスは定義上，ファイルを媒介にするものとされていますので，以前はこの媒介（ファイル）を必要とする，いわゆるウイルスの性質を持ったものが多かったということですね。

●マルウェア

昨今では，**ワーム型**と呼ばれる，媒介を必要とせずに自らが実行形式（Windowsではexeファイルと呼ばれますね）になっているものや，**トロイの木馬型**と呼ばれる，自己増殖をしないものの，さまざまな情報にアクセスしたり情報を収集するものが現れています。これらのようにウイルスとは違う（ファイルという媒介を必要としない）ものの，**悪意を持ったプログラム**のことをマルウェアと総称しています。つまり，コンピュータウイルスはマルウェアの一種ということになります。したがって，マルウェアによって攻撃を受けること＝サイバー攻撃を受けていると理解すれば間違いありません。

高度化という面では，皆さんが職場で啓蒙されている内容を思い起こしても

らうとわかりやすいと思います。以前は，「メールの添付ファイルを安易に開いてはいけない」と注意喚起されていました。これは，添付ファイルを開くことによって悪意のコードが実行されてしまうからです。しかし昨今は，「メール内にあるURLをクリックしないように」と言われています。これは，ファイルという媒介がなくてもクリックしてしまうことによってコードが実行されてしまうワーム型や，トロイの木馬型のプログラムを実行しないようにということから，このように注意喚起されるようになりました。悪意のあるプログラムが意識しない間にどんどんとコンピュータ内に侵入できるよう高度化しているわけです。

●人によるサイバー攻撃も

　ここまでのことを聞いていると，そういったマルウェアからの攻撃に気をつけなくては，という意識が高まります。しかし，サイバー攻撃はマルウェアによるものだけとは限りません。

　それはプログラムによる攻撃ではなく，**人による攻撃**が存在するということです。例えば，企業に出入りすることが可能な人がコンピュータの端末を操作して情報を持ち出し，他社へ漏洩してしまうケースもサイバー攻撃といえます。自社用のプログラムを開発して導入をする際に，開発ベンダーのプログラマーがこっそりとバックドア（後からコンピュータ内に侵入できるように穴を開けておくこと）を仕込んでいた，といったことも，サイバー攻撃と捉えるべきでしょう。いわば**人為的なものもサイバー攻撃に含まれる**という点は，性善説を採ることが多い日本の社会では見落としがちなところです（**図表1-10**）。

| 図表1-10 | サイバー攻撃で意識すべき範囲 |

サイバー攻撃

マルウェア（悪意のあるソフトウェア）

コンピュータウィルス	ワーム	トロイの木馬
➤ ファイルを媒介にして感染拡大 ➤ ファイルを開く，マクロ実行等を起点に発症する ➤ 動きはウイルスによってさまざま	➤ ファイルを媒介にせず，自らプログラム実行を行う ➤ 自らを複製して被害を拡大するケースが多い	➤ 正規のソフトウェアやファイルになりすまし，不正なコードを実行する単体プログラム ➤ ユーザーに気づかれにくい

人為的アタック
➤ 不正持ち出し
➤ 記憶媒体の盗難
➤ バックドア

etc.

❸　サイバーセキュリティとは

　ここまで説明してきたようなサイバー攻撃に対して，その脅威から守るための手立て全体を指してサイバーセキュリティと呼んでいます。したがって，マルウェアから守るための監視ソフトウェア等のツール類はもちろんですが，持ち出しや不正アクセスをできなくするための対策全般も含めてサイバーセキュリティということになります。

　また，サイバーセキュリティというと，どうしてもシステムによる対応，ツール類の導入という印象を持ってしまいがちですが，実際の攻撃に遭った時（インシデントが起こった時）の対応プロセスの整備や意思決定機関の配置等，情報システム以外の側面を合わせたものであることに留意する必要があります。データガバナンスと同様に，サイバーセキュリティもガバナンスが重要になります。情報システム以外の部分と合わせた全体の企画・評価・モニタリングという流れを意識しなければなりません。

　サイバーセキュリティは，**DX推進の成功のためにはデータと同様に最重要**

分野です。詳細については第4章でお話したいと思います。

❹　サイバー空間（スペース）とは

●コンピュータやネットワークによって構築された仮想的な空間

　最後に押さえておくべきサイバー関連の用語としては，サイバー空間（スペース）があります。これは，最近にわかに話題に上がっていますが，**コンピュータやネットワークによって構築された仮想的な空間**のことを指しています。

　サイバー空間に限らず情報システム分野では，よく，**仮想的**あるいは**仮想化**という用語が頻繁に用いられます。これは英語でVirtualあるいはVirtualizationですが，現実・物理的には違うが，あたかも現実のようになっている状態を指します。例えば，**仮想環境**という用語がITの世界では頻出しますが，これは物理的には別々のストレージが複数並んでいるものを，あたかも1つのストレージとして扱ったり，複数のサーバーを束ねて1つの大きなサーバーのように見立てて数多くの処理をこなしたり，といった環境を指して用いられます。

　同様に，サイバー空間（スペース）も，あたかも現実世界のように見える空間を指しており，コンピュータおよびネットワークから構成されている現実社会と同様な社会的営み全体を意味するようになりました。どこまでをサイバー空間と呼ぶのかはっきりとした定義があるわけではありませんが，コンピュータおよびネットワークを介して行われるコミュニケーションや商行為（ネットバンキング等も含まれます）は，物理的に存在する現実社会と同様のものです。現実社会と違って法制度が整っていないとか，顔が見えないことによるトラブル等もあり，完全な社会空間にまでは成熟していないものの，サイバー空間（スペース）に対する世の中の期待は大きくなっています。

●メタバースへの期待

　昨今，**メタバース**という言葉が頻出するようになりましたが，これはサイ

バー空間（スペース）のうち3次元の空間およびサービスを指しています。あたかも現実の街のように3次元の世界で人（メタバースの中では**アバター**と呼ばれます）がさまざまな経済活動を行う世界がやってくるだろうということで，そこに新たなデジタルビジネスが生まれてくると期待されているわけです。

　今後，DXの世界は，このメタバースの世界を一定程度意識しながら展開していくと思われます。本当にバーチャルの世界でそこまでのビジネスが展開されるのかどうかは未知数ですが，**VR（Virtual Reality：仮想現実）やAR（Augmented Reality：拡張現実）**技術の進歩とDXを切り離して考えることは得策ではないでしょう。当然，Wi-Fi6（P.26参照）の環境がなければ広がらないといったことと同様に，ユーザーが5Gを使える環境，つまりVRやARを自由に使える環境にならないと，サイバー空間（スペース），特にメタバースでのビジネスは展開しません。しかし，早く取り組みすぎても成功は見えてこない（時代がついてきていない）ですし，遅きに失するとビジネスチャンスを逃し，そもそもDXが失敗するという難しい舵取りが必要な分野ともいえます。

　それぐらい，DXを成功させるためには技術を理解し，時代を読み，日本におけるその普及スピードを読むということが重要だということです。

8 デジタル人材ってどんな人材？

❶ 曖昧なデジタル人材の定義

　この章の最後の用語として，デジタル人材を取り上げます。この用語も昨今頻繁に聞くようになったもので，「日本にはデジタル人材が少なすぎる」「各企業でデジタル人材の確保を急がないと」という具合に使われています。このデジタル人材という言葉に定義はあるのでしょうか。

　DXという言葉が語られるようになって脚光を浴びた感のあるこのデジタル人材という言葉に，明確な定義は存在していません。筆者が，さまざまな企業の経営者や現場の方との会話，講演やパネルディスカッションに絡んだアン

ケートやその後のやり取り等を通じて耳にするデジタル人材像は，**人によって
さまざま**であると感じています。

●デジタル人材狂騒曲

　デジタルができる人という意味合いでおおよそ使っているのですが，このデジタルができる人というのがどれぐらいできる人のことを言っているのか，ITに詳しい人とどう違うのか，といった点は非常に曖昧です。ある人はデジタル技術に精通している人材だと言い，ある人は業務とデジタル技術双方に精通している人材だと言い，またある人はITに詳しい人材だと言う，といった具合で，共通しているのは，ITやデジタルの技術面に詳しいということくらいでしょうか。程度の差はあれども，そのような人材が「自社に不足しているので，採用を強化しないとだめだ」とか，「外部のコンサルタントに助けてもらいたい」といったことを言っている企業がほとんどです。

　ある企業は，新卒でITやデジタルの技術に精通している学生に対して，破格の待遇を用意するとして話題になりました。しかし，そういった大学での勉強で事足りるのであれば，自社の従業員を大学に学士入学で送り込むなり，大学院で学ばせるなりしておけば，2年後にはデジタル人材が確保できることになります。しかし，そんなことを実行に移す企業はほとんどありません。本気でデジタル人材が必要と思っていないのか，あるいは大学の勉強くらいで身につくレベルの話じゃないからと思っているのか。いずれにせよ，**言っていることとやっていることに整合性がとれていない**現実があります。

　一方で，外部コンサルタントやITベンダーも，デジタル人材の確保に躍起です。各企業からデジタル人材がいないから助けてほしいと頼まれるわけですから，それに応えるための人材を補強しないといけないので，当然といえば当然です。しかし，こちらもうまくはいっていません。

　結局のところ，**日本の採用マーケットには各社が欲しがるデジタル人材が十分にプールされていない**ということになります。

●DXは成功しなくて当たり前？

もう一度立ち止まって考えてみてください。

デジタル人材という言葉が指す人材要件は，企業によって（あるいは人によって）まちまちです。そして，育成や教育に本腰を入れているとは思えないケースが目立ちます。日本の採用マーケットには，そもそもデジタル人材／IT人材が十分にいません。結果として，高い給与を払って採用した人が，思っていたほどの人材ではなかったというミスマッチも頻繁に起こりえます。DX推進の担い手たるデジタル人材がいないなら，DXは成功しなくて当たり前です。

こうなると，日本企業がDXで成功する芽はないということになってしまうのですが，ここに日本企業がDX推進を行えていない要因が見え隠れします。

❷　言葉だけが先行するデジタル人材必要論

経営層と現場に分けて，いま日本企業で起こっている現実を見てみましょう。

●経営層の現実

まず経営層からですが，DXが自社の成長のために重要だということは頭では理解しているつもりです。しかし，結局のところ，DXがどんなもので，どういうことが実現するから自社の成長にとって重要なのか，というところまで理解が追いついていません。理解しようとしていない経営層も多く存在します。**デジタルとは何かを理解せずに，経営にとって重要だと言い切ること自体ナンセンス**です。

理解できていない経営層は，当然，デジタル人材も必要だと口には出しますが，その人材像を描けておらず，本気で投資をして人材育成をしようという行動には移れないのです。一定の投資を続けるだけで，思い切った投資にはつながりませんし，本気でエースを抜擢して背水の陣で臨むということにはならないのです。

●現場の現実

　一方で，現場の目線でも見てみましょう。DXで結果を出せと上から言われたので情報集めをしながら，外部コンサルタントやITベンダーの助けを得てプロジェクトを推進することになります。デジタル分野には，なぜか若い人，あるいはその企業の主流ではない人を担当させる企業が多いのですが，そういう人たちが孤軍奮闘しているだけという状況に陥っている日本企業は多くあります。デジタルやITに精通しているとはいえず，かといって業務に精通しているともいえない中途半端な人が担当している企業をいくつも目にしてきました。

　しかし，やる以上は一生懸命に取り組み，PoC（Proof of Concept：概念実証／プロトタイプ）をやって，その結果を経営層に報告します。本格展開のGoサインを出してもらうべく経営会議等でプレゼンを行いますが，そもそも経営層がよくわかっていないため，Goがかからなかったり，PoCを継続して様子を見るという結論になったりしてしまうケースが往々にしてあります。デジタル人材が十分にいないからということで採用強化に取り組んでいるのも，こうしたPoCの行き詰まりから起こっている側面があります。

●スーパーマンがいれば苦労はしない

　こんなことが日本企業ではここ数年の間に何度も起こっています。DXの成功事例がほとんど出てきていないことからもわかるように，多くの企業が悩んでいるのがこの点になります。

　実は，これらの問題は，**デジタル人材がいないということを言い訳にしているに過ぎません**。DXについては第2章でその本質に触れますが，何を実現するためにどんなDXに取り組むのかがはっきりしていれば，足りない人材・スキルが何であるかを特定できるはずです。デジタル技術のうちどの部分が足りていないといったレベルで特定できれば，そのための人材を用意することはそれほど難しくありません。外部に助けを求める際にも，具体的なスキル要件を示すことができます。「あれもこれもできる人材をよろしく」と言う必要はな

いのです。

　もし，デジタル人材が揃わないからDXがうまく進まないと感じている人がいるなら，いま一度DXの目的やゴールを明確にし，何が必要なのかを掘り下げてください。そんなスーパーマンみたいな人がいれば苦労はしません。そういう人が必要という結論に至っているなら，**やることの具体化が足りていない証拠です**。

❸　デジタル＝シニア層には無理という固定観念

●旧世代の開発言語を知っている人からすれば

　最後にもう１つ，デジタル人材について留意すべき事項に触れておきます。
　DXやデジタルといえば「新しい」と思っていませんか？　確かにAIやVR/ARといった用語が飛び交うと新しい技術のオンパレードで，それ相応の知見がないと太刀打ちできないと感じるのは無理もありません。しかし，一世代前，あるいはもっと前のIT技術者がその内容を理解できないのでしょうか。あるいは，ITにそれほど詳しくない人がAIやVR/ARの技術を習得することはできないのでしょうか。

　そういった**思い込みは捨ててしまう**ことをお勧めします。考えてもみてください。AIならPythonという開発言語を使うことがスタンダードで，データサイエンスの世界ではRという言語を多く使います。新たな言語であることは間違いありませんが，COBOLやCといった旧世代の言語を知っている人からすると，その内容はそれほど新しいものではありません。確かに，ライブラリやコマンドといった部分で異なる点は多々ありますが，基本的なコード記述は共通していますし，何よりも，どちらも平易な英語を使うだけです。「中国語をいまから読み書きできるようになってください」というよりも，はるかにハードルは低いでしょう。

●デジタル人材が必要だという前に考えてほしいこと

　次に，ITに詳しくない人を想定してみましょう。昔に比べると，アプリケー

ション開発において，何から何までコードを書かないといけないケースは減っています。ふだん業務で使っているアプリケーションが誰でも使えるように簡単になってきているのと同様に，アプリケーションを作る環境も簡単になってきています。そういった環境が整ってきているにもかかわらず，何も習得のための行動をせずに，あるいは古い人たちは役に立たないと言わんばかりに若い人や亜流の人を抜擢するような行動は，とてもDXの本質を理解しているとは思えません。

　デジタル人材が必要だという前に，**自社にいる人材のスキルを見極め，自社にとって必要なデジタル技術を明確にしたうえで，その技術習得を後押しするほうが近道**であることに気づいてもらいたいと思います。活躍の場が狭まってしまったシニア層のエンジニアにも，活躍の場は無数にある時代になっています。70歳まで勤める機会を提供することを勘案すると，新卒入社の人に投資するよりも，よっぽどリターンがありそうな気がするのは筆者だけでしょうか？

＊

　第1章では，いまさら聞けないデジタル／ITに関する用語／テーマを8個取り上げました。他にも同様の用語がいくつもあるのですが，第2章以降の内容を理解するための基礎知識として必要なものに絞ってみました。

　こういう用語の説明に関しては，わかったつもりになっている人が思いのほか多くいます。「いまさら説明されなくてもわかっているよ」という人もいるかもしれませんが，筆者の経験から，具体的な深い部分の会話をし始めたときに「わかってないな」と感じる部分が多い領域をピックアップしています。

　基本を押さえておくことは重要です。結局うまくいかないときには原点に戻ることになりますので，そういうことが頻発しないように，基本的な部分はしっかりと押さえたうえで，次の段階に進んでもらえたらと思います。

第2章

結局DXって何ですか?

　本章では，DXについて，いまさら聞けないことも含めて整理します。

　DXへの取組みは，多くの日本企業で推進されてきています。しかしながら，正直うまくいっていないというのが本当のところだと思います。もちろん，実際の推進担当の人が声高らかに「うまくいっていません」と宣言することはまずありませんので，「きっと他社はうまくいっているのだろう。ウチもそういうふりをしないと」といった具合で毎日を過ごしている担当者が多いように見受けられます。

　DXを成功させる使命を持って取り組んでいる以上，成果を少しずつでも出しながら進めているので，すべてがうまくいっていないということではありません。しかし，推進担当の方々とお話すると，「ゴールが見えない」「そもそも経営にインパクトがあるとは思えない」といった悩みを打ち明けてくれるケースは多くあります。情報システム部門の方も事業部門の方も同様に，その多くが，1年以上の歳月を費やしているものの目に見える結果が出ていないということで悩まれています。

　一世を風靡している「DX」という言葉ですが，そもそも，わかったつもりで使っている人があまりにも多いという印象です。書籍やネットの情報検索を見てもさまざまな解釈があるようですし，同じようなことを言っていても細部は異なっているケースが多いのも事実です。推進担当者が信念を持って「こういう意味だ」と説明できれば，そこまで右往左往しないのだと思いますが，はっきり説明できない人は相当います。つまり，**DXをしっかりと理解していないことは恥ずかしいことではない**わけです。ここでDXについてきちんと整理してみましょう。

1 DXって何ですか？

　DXと訳されてバズワード化している状況ですが，まずは言葉の意味から再確認してみましょう。DX＝Digital Transformationですね。Transformationという言葉が入っていますので，「デジタル変革」とか「デジタル改革」と日本

語では呼ばれることが多いかと思います。

　ただ，この状態ではさまざまな解釈が存在するようで，変革のレベルや取組みの内容に場面場面で大きく差が出ています。ある時はRPA（Robotic Process Automation）を使った業務プロセスの自動化こそDXだといい，ある時はスマホアプリを使ったECサイト（Electric Commerceサイト：通販サイト）展開がDXだといい，デジタルを使った新しいビジネスモデルの構築こそがDXだということもあります。正直どれが本当なのかよくわかりません。このような状況なので，当然DX推進者はその時に聞いた最新の情報をDXだと信じて取り組むことになります。

　では，正解がないということでしょうか。そういってしまうと煙に巻けるので便利なのですが，やはり正解はあります。ただし，**正解は各企業によって異なる（画一的な正解は存在しない）**という点が厄介なところです。

❶　忘れてはいけないDXの定義

●成功しても失敗してもDX

　Digital Transformationのもともとの意味に立ち返ります。拙著『データドリブン経営入門』（中央経済社，2019年）に定義を書いています。

　「DX＝Digital Transformationとは，デジタル技術を活用して企業の競争優位を追求すること」

　これがDXの定義です。デジタル技術というのは，第1章で触れた「デジタル＝データ」に関わる技術を指していますので，さまざまな情報をデータにして，自社のビジネスにおける競争優位を確保していく取組みのことをDXと呼ぶということです。

　先ほどの，どんなDXが正解かという問いかけに対しての答えは，この定義に従っている取組みということになります。つまり，デジタル技術を使って自社の競争優位を確立できる取組み（要は他社に勝てる何かを実現したということ）が正解となるわけです。RPAでプロセスを自動化したことで，他社よりも製品開発のリードタイムを1日短縮できたのであればDXが成果を上げたと

いえるでしょうし，ECサイトを立ち上げたことで顧客数が倍増したとなれば，それもDXの成果です。一方で，新たなビジネスモデルを生み出したとしても，さっぱり売上が上がらないのであれば，そのDXは結果としては失敗です。しかし，DXの取組みとしては間違っていません。新たなビジネスモデルを確立することで自社の競争優位を確保しようと追求したわけですから。

●一定の期間ごとに取組みの意味を問い直す

反対に，あるSaaSを導入してデジタル技術を活用したけれども，単に新しいツールに置き換えただけという取組みでは，競争優位を追求すらできていないのでDXではありません。競争優位を追求する取組みになっているかどうかがDXの真髄なので，それをやったところで競争優位の確立に寄与する見込みがない取組みは，最初からDXとしては破綻しているということになります。

この観点から，現在推進しているDXの取組みが，**果たして競争優位を追求できるものなのかどうかを吟味する**ことは非常に重要です。取組み開始当初は意味があっても，ビジネス環境の変化とともに，時間が経つと意味がなくなるものもあります。したがって，一定の期間ごとに取組みの意味を問い直すことが，正しくDXを進めるコツでもあります（図表2-1）。

図表2-1　DXの定義

デジタル技術を活用して，**企業の競争優位を追求**すること

重要なのは…　企業の競争優位を追求できているかどうか
　　　　　　　＝**競争優位につながると経営層が理解しているか**どうか

> ビジネス環境が変化すると，差別化要因も変化する
> 当初競争優位につながると思っていた取組みも，無意味になる可能性
> （競合他社が自分たちより早く何かを達成した，新たな技術が出現した，etc.）

❷　常にDXの定義を意識する

　DXがうまくいっていないと感じている方は，まずこの競争優位を追求できているのかどうかに立ち戻ってみてください。そもそも頑張って続けても意味がない取組みかもしれません。

　「現場のプロセスを効率化することはDXじゃないのか」という疑問を持つ方もいらっしゃるかと思いますが，プロセスが効率化されても企業の競争優位につながるだけのコストダウンであるとか，他社よりもリードタイムを短縮できるという結果が見込めないのであれば，いわゆるBPR（Business Process Reengineering：業務再構築）の一環と解釈すべきです。DXはデジタル変革ですから，**業務改善のレベル以上のことを求めてスタートしている**はずです。

　繰り返しますが，DXはデジタル技術を使って企業の競争優位を追求することです。まずはこの観点を頭に刷り込んでください。そういう取組みでないなら，そこから見直す必要があります。そのうえで，DXを推進しているのにうまくいっていないという場合は，次の段階に進みましょう。

　当然，DXが必ず成功するわけはありません。なぜなら，他社を出し抜くだけの競争優位を確立しようとしているのですから，そんなに簡単にいくわけがありません。熾烈なビジネス競争の中で生き残るための活動をしているのですから，何回かに1回成功するかどうかというレベルの話です。しかし，あまりにも日本企業の中からDXの成功事例が出ていないということは，根本的な部分に問題があると考えざるを得ません。まず，その目的やゴールが正しいかどうか，そこから始めてみてください。

2　DXって本当に必要なの？

　昨今，一大DXブームが起きているといっても過言ではありません。企業自ら株主総会でDXを標榜し，デジタルという言葉が総会資料に躍っています。デジタルサービスを売り込む側も，DXという言葉を使わない日はありません。

横並び意識が強いというわけではないのでしょうが，日本企業は猫も杓子も
DXという状況にあります。

　そのような中で，あまり成果が芳しくないとなると，「本当にDXってやる必
要があるのか？」という疑問が湧いてきても不思議ではありません。このこと
について考えてみましょう。

❶　その変革にデジタル技術は必要か？

　先ほど，DXはデジタル技術を使って企業の競争優位を追求することだとい
う話をしましたが，DXが必要かどうかにも，この観点が重要になります。

　企業が競争優位を追求することは当たり前のことであり，経営者として企業
に利益をもたらして株主に還元するためには，競争に勝つことが絶対条件とな
ります。経営者がその責務を果たしているかどうかはさておき，競争優位の追
求は日々行われているはずです。したがって，DXが必要かどうかのポイント
は，**デジタル技術を使う必要があるのかどうかに依存している**ということにな
ります。デジタル技術を使うことによって，求めている変革（競争優位の源泉
獲得）がはじめて可能になる，あるいはその獲得スピードが飛躍的に向上する
場合には，競争優位確保のためにDXの取組みが必須ということになります。
一方で，デジタル技術を使うのではなく，業務提携を通じて競争優位を確立す
るとか，人員の再配置によって競争優位を追求するといったケースも考えられ
ます。このようなケースではDXは必要ありません。

●DXより先にやることはないか？

　結論から申し上げると，企業によってはDXが必要ないということは十分に
ありうるのです。**盲目的にDXが重要だと声高らかに宣言するほうが問題あり**
ということです。「競争優位をどういう手段で追求するのか。その際にデジタ
ル技術がなくてはならないものなのか」。この1点でDXが必要かどうかを判断
できるというわけです。

　客観的にビジネスの状況を見ていると，DX推進に力を入れている企業で

あっても，実はDXは必要ないのではと思われるケースが散見されます。DXよりももっと優先度が高い経営課題が山積している企業は多く，まずはそちらの課題を解決するほうが，経営に対するプラスのインパクトが大きいケースがこれに当たります。DXをやらないわけにはいかないという強迫観念じみたものにとらわれて中途半端になってしまうより，優先度の高い非DXの取組みを先に完了させてから，あらためてDXに取り組むという判断をすべきかもしれません。こういった観点で企業戦略全体を見つめ直すことは，大いに意味があると思います。

❷　DXの必要性を判断するには
デジタル技術に対する知見が必要

また，すでにお気づきかと思いますが，DXが必要かどうかの判断は，デジタル技術に対する理解がない限り不可能です。デジタル人材について第１章で触れましたが，デジタル技術の要否を判断できる人がいない限り，DXが必要かどうかの判断ができません。また，他の山積している経営課題とDXのどちらの優先度が高いかを判断するのは経営層です。ということは，経営層が一定のデジタル技術に精通していないと，優先度の判断や取組みの難易度の判断，効果の判断はできないということになります（**図表2-2**）。

ここまでの話をすると，「ちょっとそんな重たい話だとは思っていなかった」とか，「ウチの経営層にそんな判断できるわけがない」とか，「そんなことを実現できる企業が日本にあるのか」といった声が聞こえてきそうです。

そうです。**日本企業でDXを本気で成功させるためには，相当のハードルがある**ということなのです。それを理解せずに，とりあえず見様見真似で始めてみたところ，思ったような成果が上がらないという当たり前のことが起こっているのです。しかし，このことを理解していれば，何をDXで実現するかを真剣に考えるでしょうし，判断するためにデジタル技術に関する知見が必要ならば，経営層も勉強するなり何らかの手を打つはずです。それができていないということは，**大事な部分を理解せずに進めている**ということではないでしょう

図表2-2 DXは必要なのか

判断基準

競争優位を獲得するために，**デジタル技術が必要かどうか**

> 判断するためにはデジタル技術の知見が必須
> 経営課題解決の優先順位の判断が必要（経営層の仕事）

デジタルを知らないとDX推進の要否を判断できない
（DX担当者だけでなく，経営層も）

か。

3 AIがないとDXは実現できない？

❶ 巷に溢れかえるAI

　DXあるいはデジタルという文脈でよく取り上げられるAI（Artificial Intelligence：人工知能）。さまざまなデータをAIに学習させて新たな知見を得る，といったことを思い描いてDXに取り組んでいる例も多いことでしょう。それぐらいAIには可能性がありますし，うまく活用できればとんでもないビジネスが実現できるかもしれません。

　そんなことも手伝ってか，最近はあらゆるものがAI搭載を謳い，家電からコンピュータソフトウェアからスピーカーから，さまざまなものがAI活用を標榜しています。消費者はAIを積んでいるほうが賢いからいい，という印象を持つ傾向が強いのでしょうが，実態としてはAIにもさまざまな種類があり，実現できることにもさまざまなレベルがあるため，以前からの自動化の機能とさして変わらないものも多いといえます。

　いまや家庭でも市民権を得ているAIという代物ですが，3年ほど前からDX文脈でももてはやされるようになり，大量のデータをAIを使って解析し，経営に資する結果を導き出すという試みが，数多くの企業で推進されるようになりました。当時は機械学習やディープラーニングという言葉が飛び交い，AIは何でもやってくれる玉手箱的な扱いを受けていました。そんなこともあって，AIを活用するPoCのプロジェクトを数多く目にすることができました。IBMのワトソンを使ったり，GoogleのAIエンジンを使ったりと，さまざまな試みが多くの日本企業で行われてきました。

　それから時間が経過する中で，できることとできないこと，AI活用に適しているケースと適していないケースが一定程度見えてきました。それだけAIに対する理解が深まったということですが，実際に自分で使って体感した人でないとわからない面も多いのが現実です。そういうこともあってか，AIを適切に使えていない，あるいは企画段階からかなり絵に描いた餅の様相を呈していて，PoCで大炎上するという例が後を絶ちません。AIの種類や仕組みについては専門書に任せるとして，DX推進担当者が最低限理解しておく必要がある点のみ，以下で触れておきましょう。

❷　企業活動にAIを活用する際に押さえておくべきこと

●学習するかしないか

　まず押さえておくべきは，AIにはさまざまなレベルがあるということです。細かくいえばいくつもの種類があるのですが，詳細まで押さえておく必要はないでしょう。

　大きく2つに分けて頭に入れておいてください。1つ目は，単純に処理を自動化するプログラム，2つ目は，学習をさせて高度な自動化をするプログラムです。要は学習するかしないかという点で分けています。前者はRPA等がわかりやすい例かと思います。後者は機械学習やディープラーニングと呼ばれている分野が当てはまります。もちろん，後者のほうがさまざまな高度な解析，自動化が行えるわけですが，使い方も難しくなります。まずは大きく2つのカ

テゴリがあるということを理解しておきましょう。

●学習するAIの使い方は難しい

　そしてもう１つ押さえておかなくてはならないのが，学習をさせる必要があるAIの活用（機械学習等）は相当難しいということです。これは，理解することが難しいということではなく（ディープラーニングはその構造を理解することも難しいですが），**使い方が難しい**ということです。

　人間と同じで，よく学習をしているAIのほうが，求めている結果を正確に出す（要は点数がいい）傾向があります。そうなると，より多くのことを学ばせればいいのですが，「そこに置いてある本を片っ端から読んでおいて」というわけにいかないところが人間と違うところです。当然学校もないので，自分たちで教え込まないといけません。

　AIに学習させるということ，自分たちで教え込むということは，大量の事例や処理のパターンをAIに覚え込ませるということを意味します。つまり，学習させるためのインプットデータが大量に必要になり，かつAIが学習できる形に大量のインプットデータを加工する必要があります。この準備が相当大変なので，DXの企画段階からその点を考慮してGo/No Goを判断する必要があるのです（**図表２-３**）。

図表２-３　**AIを利用する際の留意点**

＜主目的＞	＜留意すべき点＞
ルールに基づく 作業等自動化	➤ ルールを余すところなく要件定義時に盛り込む必要がある ➤ ルールが決まっていなければ自動化できない 　→最初にルール設定要
学習前提での 判断自動化	➤ 学習させるためのデータが存在しなければAIの活用は不可能 　→ない場合は学習データから作る必要がある ➤ 精度を上げるためにはそれだけ多くの学習をさせる必要がある 　→必要なデータ量によっては実現困難

❸　AI導入事例に見る大変さ

●学習するデータの準備が膨大

　身近な例で見てみましょう。よくWebサイトで出会うようになったアシスタント機能（**ボット**と呼ぶことも多いですね）は，裏でAIが動いています。ここでは，企業内の情報システムに関するヘルプデスク機能，つまり使い方がわからない時に困っていることを入力したら，自動で対応方法を返してくれるボットを例にしましょう。このボット機能では，さまざまなAIが動いている（入力されるテキストに含まれる略語や方言を判断するのもAIです）のですが，話を単純にするために，質問に対して適切に回答を返す部分にフォーカスしてみます。

　ヘルプデスクの場合は，電話を受けて質問内容を聞き，オペレーターがその場でマニュアル等を確認して回答する，もしくは，わからないので情報システム部門のシステム担当に問い合わせた後にあらためて回答する，といったプロセスが回ることになります。

　これをボットが代行するためには，さまざまな企業内のシステムのマニュアル，これまでのQ&A事例（いわゆるFAQ），システム別の担当者（コンタクト先）等を学習させる必要があります。いまあるさまざまな様式のマニュアルやFAQを勝手に読み込んでくれると楽なのですが，そうはいかないところが大変です。マニュアルのデータやFAQのデータをAIが取り込めるように加工し，AI側のデータベースに登録していく必要があります。その作業量はデータパターンやデータ量によって変わってきますが，より正確な結果を返すためには，より多く学習させる必要があります。以上の作業もさることながら，そもそも学習させるデータが足りない（FAQを作っていなかった等）ケースでは，まずその学習させるデータを作るところから始めなければなりません。

　このように，学習させるAIの活用では，学習用のデータを準備する部分に途方もない作業が発生する可能性があり，そのデータが用意できないならAIを使うことはできないという点を理解しておかなくてはなりません。決して**勝**

手にAIが学習してくれるわけではなく，必要なデータを用意するところから
始めるのが基本だと認識しておきましょう。一方で，学習を必要としないAI
は単なるプログラムですから，必要なパターンを要件定義し実装すれば，比較
的簡単に実現できる世界です。

●本当にAIが必要なのか

　さて，これらのことを押さえておくと，AIを活用する場面はある程度限ら
れることがわかるかと思います。DXの実現に向けては，必要であればAIを活
用すべきですし，学習させるデータに関して一定程度メドが立つなら，ぜひ活
用したいところです。

　しかし，競争優位を追求するためにAIを必要としない局面は，無数に存在
します。例えば，ユーザーに対して文字で説明する資料しかなかったが，誰に
でもわかりやすい動画による説明に切り替えたら問い合わせ数が一気に減り，
業務委託や情報システム部門の負担が大きく減ったというケースでは，AIを
使う必要はありません。DXにAIは必須ではなく，使うことによってよりDX
で企画したゴールに近づける（競争優位が確立できる）のであれば，データを
準備するといったハードルを勘案したうえで活用するということが求められる
ということです。

4　DXはどこでつまずいていることが多い？

　ここ数年の日本企業によるDX推進の状況を見てきた中で，いくつかDX推
進がうまくいかない理由らしきものが見えてきました。端的にいってしまえば，
ここまで読み進めてきた皆さんが目にしてきたことを，取組み時に理解してい
ないからつまずいているといえます。

❶　DXつまずきの要因は企画段階にあり

●さまざまなプロジェクトに共通すること

　ここまでに触れてきた内容の中で，DXを進めていくうえでしっかりと理解
しておくべき点は，以下のとおりになります。

　✓ デジタル＝データ
　✓ サイバー攻撃／サイバーセキュリティ
　✓ 自社が必要とするデジタル人材のレベル
　✓ DXの意味（＝デジタル技術を活用して企業の競争優位を追求する）
　✓ 自社にとってのDXの要否（経営の優先順位を含めて）

　これらの項目を理解せずに進めているがゆえに，結果として失敗している
ケースがほとんどです。

　ところで，これらの理解はDXを進めるどの段階で必要とされるのでしょう
か。実は，最初の企画段階で理解していなかったら失敗する構図になっている
のです。つまり，最初の企画をする時点でつまずいている，あるいは，つまず
いていることに気づかずに無理矢理前へ進んでいるというのが，多くの日本企
業に見られるうまくいっていない事例ということになります（**図表2-4**）。

　これはDXに限らず，業務改革やさまざまなプロジェクトに共通していえる
ことですが，最初にゴールが見えていない状態，つまり企画段階で全体像が明
らかになっていない取組みは，総じて成功しません。

●ネガティブな感触があれば企画段階に立ち戻る

　企業の活動は，あてのないヒッチハイクの旅ではありません。目的地とそこ
に到達するためのおおよその行程（皆さんが休暇時に行く旅行のように，自由
時間はあるけれども何時の飛行機で帰るというレベル）が最低限決まっていな

図表2-4	企画段階で押さえておくべきこと

1．デジタル＝データ
2．サイバー攻撃／サイバーセキュリティ
3．自社が必要とするデジタル人材のレベル
4．DXの意味（＝デジタル技術を活用して企業の競争優位を追求する）
5．自社にとってのDX要否（経営の優先順位を含め）

内容を理解したうえで，
企画段階で十分に考慮して
進めていないとつまずく

失敗は企画段階から始まっていることが多い
→企画段階でゴールは見えているか？

いといけないのです。皆さんは旅行に行く際に，どの国にどんな有名な場所があるか，どんなレストランがあるのかといった下調べをして，その旅程を練ると思います。限りある休暇の時間に最大限楽しめるように，必要な知識を自らが得て，いろいろ試行錯誤して出発することでしょう。もちろん，旅先でのトラブルや予定の変更等が起こることがあります。それでも，もとのプランに従って，変更が生じたときには旅程全体を見渡して決断をしているはずです。

　企業で行うDX推進や変革プロジェクトもまったく同じで，いろいろ予定どおりにはいかないことがありますが，最初のプランをしっかり考えて理解していれば，さまざまなトラブルも頓挫せずにゴールにたどり着くことができるものです。DXであれば，本書に書いてあることが必要な最低限の知識，旅行でいうどの場所にどんな名所があるか，レストランがあるかといった情報に当たります。旅程を作るための下調べのイメージです。その知識を組み合わせてゴールを作り，旅程に当たるプランを作るわけです。このプランが不十分なまま（ゴールはどこか，どういった道筋でゴールにたどり着くのか，何か問題が出たときにはどういった回り道をするのか等がはっきりとしない状態）だと，あてのないDXの旅になってしまうということです。

　うまくいっていない，何か違うような気がする等，ネガティブな感触があるのであれば，まず企画段階に立ち戻ってください。そこでつまずいていること

がほとんどです。旅行の準備をちゃんとしたかどうかのチェックから始めることをお勧めします。

❷　次につまずく原因はプロジェクトマネジメント

●日々の意思決定事項に対処できない

その次の段階，つまり，ちゃんとチェックをして，しっかりと企画を考えて問題はないということが確認できた後の段階では，うまくいっていない要因はプロジェクトマネジメントにあることがほとんどです。技術者のレベルが低いという要因や外部コンサルタントやベンダーのレベルがイマイチで進まないという要因ももちろんあるでしょうが，機能する人に替えれば解決するので，それほど解決が難しいわけではありません。

問題は，プロジェクトマネジメントがまずいケースです。いくら外部コンサルタントやベンダーを替えても，自社のプロジェクトマネージャーが適切にプロジェクトをマネジメントできなければ，DXを成功に導くことはできません。プロジェクトで日々起こる意思決定事項に，責任を持って対処できる人がいなければ，どんなプロジェクトもうまくいきません。外部コンサルタントにお願いする場合も，意思決定については自社に委ねられているはずです。その意思決定が適切にできないプロジェクトマネージャーがDXを推進するのでは，うまくいくはずがないというわけです。

プロジェクトマネージャーを替えるか，指導して改善を促すか，支援する人を追加するといった手を打つ必要があります。

●デジタル知識よりマネジメント能力

プロジェクトマネジメントそのものは，DXだから特別というものではありません。したがって，上記のような問題に手っ取り早く対処するには，しっかりとプロジェクトマネジメントができる人材を投入することです。DXに精通しているほうがベターではありますが，**マネジメントをしっかりできる人材であればバックグラウンドは問いません。**

　社内に適任者がいなければ，最悪，外部コンサルタントにお願いすることもできるでしょう。意思決定は自社でやる必要がありますので，密に連携ができ，足りないプロジェクトマネジメントスキルを補ってくれる役割に特化してもらうイメージです。

　ただ，ここで勘違いしないでおきたいのは，デジタルに精通した外部コンサルタントではなく，あくまでプロジェクトマネジメントに精通している外部コンサルタントを雇う必要があるということです。ちゃんとプロジェクトマネジメントをできる人が用意できれば安泰ですねと言いたいところですが，DXの場合，ちょっと勝手が違うケースが多くあります。それは，**アジャイルでプロジェクトを進めている**場合です。本質的なところは変わらないのですが，みるべきポイントがウォーターフォールのプロジェクトの場合と違うのです。こちらについては後ほど詳しく触れたいと思います。

❸　急がば回れ

　日本企業がDXでつまずいていることが多い部分について触れてきました。まとめると，企画でつまずいているケースがほとんどで，次につまずくポイントとしてはプロジェクトマネジメントが挙げられるという内容でした。もちろん，企業によってDXにしっくりときていない要因はさまざまですし，複数の要因が複雑に絡み合うケースもあります。

　ここで認識しておくべきことは，スタートがおかしいのに闇雲に進めている，せっかくスタートしたのに計画どおりにできていない（なのに止めることはない）といった，**一度進め始めると立ち止まることをしない，多くの日本企業にはびこる企業文化が傷口を拡げている**という事実です。デジタルの波はものすごいスピードでやってきていますから，急いでとにかく進めるという気持ちもわからなくはありません。

　しかし，急がば回れです。時間とさまざまなリソースを浪費することは，企業競争力をそぐことになります。競争優位の追求のためにやっているのに，競争力がかえってなくなっていくのは，大いなる自己矛盾です。つまずいている

と感じているなら，現状を見つめ直すことから始めるべきなのです。

5 DXはどんな進め方をすればいい？

　企業によってDXが目指すもの，実現しようとするものが違うので，こうやれば必ず成功するという型のようなものは残念ながらありません。しかも，競争優位を追求するという取組みの性格上，人の真似をしていては競争優位にはなりませんので，取組み自体がオーダーメイドのものになります。

　ただ，前述したように，どこでつまずくのかという傾向がわかってきた以上，つまずかない可能性を高める進め方というものは定義できます。その点について説明していきます。

❶　企画・構想に集中することが最も重要

●Transformationは戦略ありき

　先ほど，企画段階でつまずいている点について触れました。ということは，企画をしっかりと固めることが何よりも優先すべき第1ステップとなります。

　DXが，デジタル技術を活用して企業の競争優位を追求することだということは，企業の戦略が明確になっており，競合他社に対して何によって勝つもりなのか，どういった企業に自社がなろうとしているのか（成長しようとしているのか）ということが明確になっていなければなりません。Transformation（変革）は，必ず戦略ありきで進めるということが鉄則なのです。Transformationを通じて自社をどんな姿に変革するのか，競争優位をどこで確保するのか，それを明確にすることが第1ステップであり，またデジタル技術を活用するわけですから，どんなデータを使って何をするのか，それによって企業競争に勝てるのか，を合わせて考えることになります。

●ゴールを見出せないなら諦めることも

　このステップにとにかく集中することが重要です。曖昧な戦略で進めるので

はなく，戦略に具体性を持たせて，**なぜデータを活用したら競争に勝てるのか**を導き出すことに集中することです。もし，このステップでDXを通じた将来の姿を描ききれないのであれば，無理してDXに取り組む必要はありません。他にも経営課題は大量にあるのです。デジタルの優先度が高くないのだという判断をして，組織再編などデジタルとは別の手段で対応できる施策をどんどん実行するほうが，競争優位につながるはずです。

　世の中がそう言っているから（ブームだから），他社もやっているから，という理由で始めることは否定しません。最初の企画・構想という第1ステップをしっかりとやり，その中でゴールを見出せないなら，潔く諦めることも経営判断です。デジタルのことがわからなくてゴールを描けないなら，わかるまでDXはやらないことです。焦っていい加減な理解で取り組んで時間とリソースを浪費するくらいなら，わかるための勉強に多くの時間を使ったほうが実りあるでしょう。そういう観点でこの第1ステップを進めてください。

❷　企画・構想が終わってから次のステップへ

　企画・構想が固まり，いよいよ具体的な取組みを始める意思決定ができたなら，第2ステップはPoCです。本当にデジタル技術を活用すれば思うような結果が得られるのか，企業全体に導入する前に，限られた範囲でパイロットを行って実現できそうかどうかの判断をするステップになります。

　ここで実現できそうだと判断できれば，企業全体といった規模に対して本格展開を進める第3ステップとなります。その後，運用に入る第4ステップとなるわけですが，まずはこの大枠の進め方（第1ステップ～第4ステップ）を頭に入れておいてください。それぞれのステップに気をつけておくべき重要なポイントがいくつかあるのですが，それについては第5章で詳細に触れます。現時点では大きな流れをつかんでおきましょう（図表2-5）。

＊

　第2章では，DXとはどういうものなのか，という基本的な内容について整理をしました。そして，多くの日本企業がDXでつまずいているポイントとし

図表2-5　DXの進め方（一例）

第1ステップ	第2ステップ	第3ステップ	第4ステップ
＜企画段階＞	＜PoC段階＞	＜全社展開＞	＜運用＞

➢最も重要なステップ ➢ここに全力を投下し，集中すべき ➢Transformationは戦略ありき ➢以下の点を特に重視 　✓企業戦略は明確なのか 　✓競合他社に何で勝つのか 　✓自社をどんな姿にするのか 　　　　　　etc.	➢デジタル技術を活用したら本当に企画した姿になるのかどうか，限られた範囲で実機検証をする ➢以下の点を特に重視 　✓想定していた結果を技術は導いてくれるのか 　✓技術は自分たちで使いこなせるか 　　　　　　etc.	➢企業全体（あるいは定義した範囲全体）に，PoCでやった内容を順次展開する ➢以下の点を特に重視 　✓導入順序（一斉なのか五月雨式なのか等） 　✓既存システムとの連携（データ連携を含む） 　　　　　　etc.

て，そもそもの企画段階から失敗の道を歩んでいるケースが多いことについて触れました。

　DXに限らず，企業改革に関わる取組みは，すべてにおいて戦略ありきです。すべての取組みはそれぞれの企業の経営戦略と密接に結びつき，そしてそれらは企業の成長や競争に生き残るために推進されるものです。デジタルは手段の1つでしかないのですが，手段が目的化することが往々にしてあります。日本の経営層がデジタルやITに弱い（知見がない，理解に乏しい）ということが無関係ではないと思います。このあたりを含めて，本来あるべきDXのやり方，しかも多くの日本企業が標準的に進められるやり方を想定し，第5章で取り扱います。そこにたどり着くまでにもう少し詳しく理解しておかないといけない事項がありますので，このまま次の章に駒を進めましょう。

第3章

DXの肝はデータって
本当ですか？

　本章では，よりデジタル化，DXの本質を捉えるべく，DX推進に携わる人が理解しておかなくてはならないデータに関して掘り下げていきます。データとは何か，DXの中で何を担うのか，そのために，たしなみとして知っておかないと後からしっぺ返しをくらう部分は何か，といった点を整理しましょう。

　ふだん何気なく使っているデータというものが，企業の行く末を左右するものだという認識は持っていますか？　頭でわかっているつもりでも，それがどんな影響力を持っているのか想像し切れていない人は多いです。私たちの日々の生活でも，仕事の中でも，情報戦という言葉をよく使います。スポーツも相手のチームや自チームのメンバーの情報を集めて戦術を立てるようになっていますし，仕事でも顧客情報集めに余念がないという光景は頻繁に目にすると思います。データが重要なことはわかっているが，それがDXとどう結びついているのか，はたまた結びついていないのか，そのあたりをもう少し詳しく見ていきましょう。

1　デジタル＝データってどういうこと？

　第1章で「デジタル＝データ」というキーワードを示しました。さまざまなことがデータ化されてやり取りされることがデジタル化なのだ，ということがその主旨でした。もう少し理解を深めるために，企業におけるデジタルとデータの関係をイメージしてみましょう。

❶　データ発展の歴史

　いまでこそネットやメールのやり取りが一般化して，企業活動になくてはならないものになっていますが，一昔前はFAXでのやり取りが企業活動で重要な役割を担っていました。さらにその前となると電話と郵便でしたね。

　その頃に電話でやり取りされていた内容や，郵便でやり取りしていた書類はすべて情報です。自社の機密事項もあれば，顧客の人間関係といった情報も電話でやり取りされていたことでしょう。郵便でやり取りされるのは商品のパン

フレットだったり，請求書だったり，契約書だったりしたわけです。それらもすべて情報です。そのような情報は，昔は手書きやタイプライターだったわけですが，コンピュータの登場によってデータというものに置き換わっていくことになります。コンピュータ処理する情報のことをデータと呼ぶようになったということですね。

いままで人が声でやり取りしたり，紙を行き来させたりしていた情報は，０と１で表されたデータというものに置き換えられることによって，忘れてしまうことがなくなり，物理的になくしてしまう，汚してしまうというようなこともなくなり，後から何度も確認が可能になりました。それをテープやフロッピーディスクのような媒体にコピーすれば，別の人に簡単に手渡せるようにもなりました。その後インターネットの普及によって，通信ネットワークを介してそのデータをやり取りできるようになり，現在当たり前のように業務に利用しているというわけです。

❷　デジタルの正体

ここまでで「データ＝（コンピュータ活用時代の）情報」ということを説明しました。インターネットの普及によって，世界中に物理的な距離を感じることなく，このデータを送ることができるようになりました。しかし，これは現在日本企業がふだん使っている「デジタル」という言葉が意味することではありません。さらなる進化形が，いまデジタルと呼ばれているものだという理解が必要です。

正確な定義や時期ははっきりしないのですが，おおよそ2010年過ぎから本格的なデジタル化の流れが出始め，デジタル化の波が起こり始めます。それまでの通信ネットワークやコンピュータ（特に企業の従業員が使うパソコン）のスペックでは，あらゆるものをデータ化すること，またそのデータをネットワーク経由で伝送することは困難でした。当時はパソコンで動画をインターネット経由で見ることは不可能でしたし，写真の画像ですら，ゆっくり少しずつしか表示できない状態でした。

　それがADSL（非対称デジタル加入者線）の普及，その後の光回線の普及，コンピュータのCPU（中央処理演算装置）やその他の半導体の飛躍的な進歩といった，HWの進歩が不可能を可能にし始めます。そして，移動通信速度の発展とスマートフォンの普及がさらなるデータの活用を可能にし，企業内外のさまざまな情報をデータ化し活用することで，これまでの企業にとっては新たな経営手法が，またGAFAM（Google，Amazon，Facebook，Apple，Microsoft）のような新たなビジネスモデルが生まれてくるようになります。

　こういった進化したデータ活用の世界を，いま私たちは「デジタル」と呼んでいるのです。これらの根本にあるのがデータです。画面に表示する内容やプログラム，その中を行き交う情報等，すべてがデータであり，そこを起点にさまざまな業務が行われます。そのデータから始まり，途中でのやり取りや処理で形を変えたデータがアウトプットされるという一連の動きが，デジタルと呼ばれているものの正体です。

❸　デジタルの本質はデータにあり

●ツールに翻弄されない

　先述したデータ発展の経緯からすると，以前IT化と呼んでいたものがさらなる進化を遂げる過程がデジタル化だという理解で問題ないかと思います。デジタルという言葉からはSWのイメージが先行しますが，HWの発展によって大量のデータを作ることができるようになり，さらにそのデータを速く末端まで届けられるようになったことが契機になっていることを理解すれば，デジタル＝データといっている真意を理解できると思います。もっというと，**デジタル＝大量データ／ありとあらゆるデータ**という意味合いですね。

　したがって，DXやデジタル化という文脈では，常にデータをどうするかを考えればいいわけで，その他のツールやクラウドといった言葉に翻弄されないようにしなくてはなりません。本質はデータです。それをどう料理するか（何かツールを導入するのか，クラウドを使うのか等）は後から決めましょうというスタンスが必要です（**図表3－1**）。

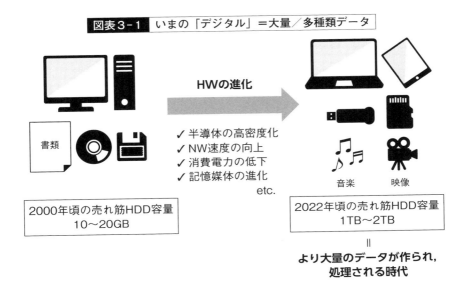

図表3-1　いまの「デジタル」＝大量／多種類データ

HWの進化

✓ 半導体の高密度化
✓ NW速度の向上
✓ 消費電力の低下
✓ 記憶媒体の進化
　　　　　　etc.

書類

音楽　　　　映像

2000年頃の売れ筋HDD容量
10〜20GB

2022年頃の売れ筋HDD容量
1TB〜2TB

＝

より大量のデータが作られ,
処理される時代

●スタートとなるデータが特定できるか

　DXという観点でのデータにも少し触れておきましょう。

　いまの時代はデータがないと何もできません。人同士が電話で話す，紙でやり取りをするという時代にはデジタル要素はありませんでしたが，紙の内容がデータに置き換わることでデジタル＋人の仕事に切り替わり，さらにさまざまなデータを扱えるようになったことで，人がいなくてデータのみで業務が行われるAIやロボットが業務を遂行する世界が出てきました。

　こういったデジタル（＝データ）の効果を企業活動に使うことで，競争優位が確立できないかを探る活動がDXということになります。つまり，人ができないレベルのことができるようになる（処理の速さや量等），いままでできない（人では認識すらできなかった情報が手に入る等）ことができるようになる，こういった効果を通じてビジネスそのものやオペレーションを変えてしまおうということですね。

　その起点もデータになります。**データがないとDXは実現しません**。変革の

先にあるゴールを描いたうえで，スタートとなるデータが特定できるか，企画段階の分水嶺はここにあります（図表3-2）。

図表3-2 DXとデータの関係

・データがないDXは存在しない
・DXの起点はデータ

データ

デジタル技術

➤ 人ができないことができる（大量のデータ処理，瞬時の計算等）
➤ 人だと気づけないことに気づける（センサーデータ，衛星写真のデータ等）

企業活動への活用
競争優位の追求

DX（Digital Transformation）

2 どんなデータが必要なんですか？

　データがデジタルの本質であり，DXの本質であることがわかったところで，DXを成功させるためにはどんなデータが必要になるのかについて考えてみましょう。

　DXは戦略ありきだということについては先に述べたとおりです。どういった変革を仕掛けるのか，ゴールの姿はどういったものなのか，それによって競争優位が確立できるのか，そういったもろもろのことを企画段階で固めるわけですから，そこから必要なデータは導くことができるはずです。ここで重要なのは，データが本質であるものの，DX検討の起点はデータからではなく，**何をしたいのか，する必要があるのかという点を，データを意識せずに戦略から導く**ことです。こんなデータも持っているからそれを活用したDXをしようと

いう発想ではなく，あくまで競争に打ち勝つために何ができるかという観点での検討をするということです（**図表3-3**）。

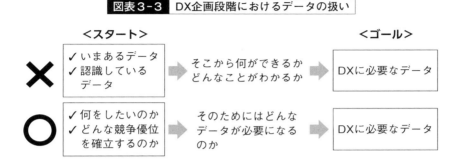

図表3-3　DX企画段階におけるデータの扱い

❶　DXの企画とデータ

主にデータという観点からDXの企画を考えると，大きく分けて以下の2つのケースが考えられます。

> A　欲しいデータがある程度特定できているケース
> 　……XXのデータが取れたら，コンペを出し抜ける，カスタマー満足度を上げる活動ができる，もっと精度の高い意思決定ができる等
> B　データではなく状態のみが定義されているケース
> 　……このタイミングで広告が出せれば購買意欲を高められる，いつでも決済がスマートフォンでできればユーザーの利便性が上がる等

Aのパターンは比較的情報の特定が楽です。いわゆる情報戦に勝つという観点と同じで，競争優位の源泉となるデータ，例えば顧客行動のデータや分析結果，他社に先んじて手に入れた新商品情報，顧客の予算情報，といった欲しい

データが決まっているケースになります。データがわかっているので，そのデータが自社にあるのかどうか，あるいはその他の方法で入手できるかどうか（そもそもそんなデータが世の中に存在するのかというところから始まるものもありますが）等を調べれば，DXのおおよそのゴール感ができ上がります。あとはその完成度を上げることで，DXの実行に移行することが可能そうです。

　問題はBのパターンで，それなりに手間が生じます。このパターンでは最初の段階でさまざまなことを考慮する必要があるので，それなりの推進体制も必要ですし，時間もかかります。筆者はいろいろな企業のDX企画内容を見てきていますが，このBのパターンが大半です。**必要なデータを特定することがDX成功の分水嶺**という表現を先ほど使いましたが，まさにこの時点で必要データを十分に特定しなかったために迷走したプロジェクト事例は後を絶ちません。やってみると思ったような結果にならなかったというケースの多くはこのパターンです。

　では，このパターンの場合はどのようにして必要なデータを特定するのでしょうか。手順まで含めた模範回答は存在しませんが，例を通じてどんな考え方をするのか，どうやってデータを揃えているのかをイメージできるようにはしておきましょう。

❷　小売DXの事例に見る必要データの特定

　すでに実現されている例が多いですが，小売店が自社のアプリを通じて最適なタイミングで広告をプッシュ通知することにより購買意欲を高めようという，チラシ広告からの脱却というDXを検討しているとしましょう。最低限必要となるデータは以下が想定されます。

✓ 顧客の情報（属性情報：住まいの地域，年齢，性別等）
✓ 顧客の情報（購買情報：購買履歴，興味のある領域等）
✓ 商品情報（商品の特徴，成分・スペック，ブランド等）

> ✔自社の情報（店舗の特売日，特売をする商品情報，提供価格等）

　もちろん，実現したいゴールの形がさらに高度化された姿を想定しているなら，必要となるデータも多くなりますが，シンプルな機能のみを実現するとしても最低限上記のようなデータが必要になります。このような情報はどうやって導くのでしょうか。

　このようなケースでは，顧客のジャーニーを描きながら考えることが一般的です。ジャーニーは**カスタマージャーニー**とも呼ばれていますが，**顧客が商品を購買するまでの一連の行動を見える化しているもの**です。今回のケースでは，ジャーニーにおける一部の行動が，DXによってアプリを通じた行動変革を起こさせるという形になります。ジャーニーにおけるその時点で顧客に行動を変えさせるためには，どのタイミングで何に気づかせて判断をしてもらうのかというところをひもとくことになります。適切なタイミング＝そろそろ買いたいなと思っているタイミング，もしくは忘れていたけど買ってもいいなと思わせたいタイミングといった意味合いになるので，それを判断するための顧客属性情報や購買情報があればよい，といった流れにつながるわけです（**図表3-4**）。

❸　データを特定できるのはデータの意味を知る人のみ

　さて，こういった情報の特定を行う場合に情報システム部門の人が必要と思われがちですが，上記でわかるように，顧客接点を持つ（あるいは考える）実務経験のある人がいないと無理です。どちらかというと情報システム部門はあまり役に立ちません。

　データの種類はいろいろ，というより無数にあるといったほうがいいかもしれません。その中から必要なものを特定できるのは，実際に関連するデータを使っている人にほかなりません。あらゆるデータのことがわかっているデータの魔術師みたいな人は存在しないのです。ましてや，それがデータサイエンティストでは決してありません。データが自社にあるかどうか，あるいは加工

図表3-4 DXによるカスタマージャーニーの変革

＜もともとのカスタマージャーニー＞

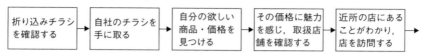

| 折り込みチラシを確認する | → | 自社のチラシを手に取る | → | 自分の欲しい商品・価格を見つける | → | その価格に魅力を感じ，取扱店舗を確認する | → | 近所の店にあることがわかり，店を訪問する | → |

＜DX後のカスタマージャーニー＞

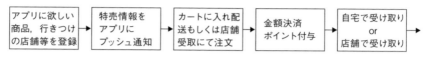

| アプリに欲しい商品，行きつけの店舗等を登録 | → | 特売情報をアプリにプッシュ通知 | → | カートに入れ配送もしくは店舗受取にて注文 | → | 金額決済ポイント付与 | → | 自宅で受け取りor店舗で受け取り | → |

> 必要な取組み
> ✓ アプリ開発
> ✓ ネット決済業者とのアライアンス
> ✓ 配送業者とのアライアンス
> ✓ 専用POSレジの導入or POSレジのソフトウェア更新
> 　　　　　　　　　　　　　　　　　　　　　　etc.
> 必要なデータ
> ✓ 自社の店舗情報（店名，住所，地図，電話番号，営業時間，etc.）
> ✓ 顧客のデータ（入力・変更・削除に対応，住所，電話番号，欲しい商品や興味のある商品カテゴリ，購入履歴，etc.）
> ✓ 自社の特売情報（商品情報，店舗情報，価格等）
> ✓ ポイント情報
> ✓ 配送業者の配達ステータス情報
> 　　　　　　　　　　　　　　　　　　　　　　etc.

できるかどうかという検討が必要な場合には，情報システム部門の協力がないと難しいですが，**最初の企画段階は，いわゆるフロント部門にかかっているの**です。

　DX推進のために独立した部門を作って推進している企業は多く見られますが，この点を理解せずに，フロント部門とは別にDXを進めると，企画で失敗する可能性が高まることがおわかりになると思います。企画を早く実行に移して結果を出すという役割のためなら，DX推進部門の独立は意味があるかもしれませんが，企画からの一気通貫でDX推進部門にすべてを任せるのは，実務

を経験していないので企画内容（やりたいことやデータの特定）に無理があるということです。DXの進め方については第5章で体系的にまとめますので，その際に手順や役割分担についてもう少し詳細に触れます。ここでは，データをどんなレベルで特定するのか，それは誰がやるべきか，といった点を押さえておいてください。

❹　間違ったDXのやり方の例

　ここでおさらいの意味もかねて，日本企業で見られる典型的な間違ったやり方について触れておきましょう。これはDXブームの最中にある昨今ではなく，ビッグデータブームの時代から脈々と続く悪しきアプローチですが，未だに多くの日本企業で見られます。

　それは，**いまあるデータから何ができるのかを考えるアプローチ**です。**図表3-3**で「×」としたやり方ですね。例えば，顧客データベースがあるので，このデータを使ってDXが進められないかと，外部コンサルタントやフロント部門に投げかけるアプローチがこれに当たります。デジタル＝データということからすると一見よさそうに見えますが，DXが戦略ありきだという点からは真逆のアプローチです。

　データを見ることによってそこから生まれる戦略もあるという主張もありそうですが，大量のデータを眺めていると新たな戦略が沸いてくるなんてことは，残念ながら期待薄です。企業には重要なデータが眠っていると主張する人もいるでしょう。それ自体は否定しませんが，デジタル時代というスピード勝負の世界で宝探しに時間を割いている場合ではありません。そもそも，このアプローチだと，データを加工することで戦略実行に資するデータが手に入るという発想が出てきません。いまあるデータをそのまま見ながら何かを考えることになります。ニワトリが先か卵が先かということだろうという主張も聞こえてきそうですが，**ことDXに関しては戦略が先**です。データが先ではないということを認識する必要があります。

　そもそも，DXに限らずですが，目的・ゴールを設定しない取組みは成就す

ることが困難だということは，皆さんも日頃の仕事を通じて感じていると思います。やりたいことから必要なデータを特定する，この原則を最初に確認してDXは推進するようにしてください。

3 データを集めるのが大変なんだけど

❶ データ収集が大変なほどDX成功は遠い

　先ほどのカスタマージャーニーに関する簡単な例でも，結構な種類のデータが必要になりました。さらに高度な判断や仕組みにしていこうとすると，必要なデータは増加します。そこで聞こえてくるのは，データの収集や整理が大変だという声です。こういうと元も子もないので申し訳ないのですが，そういうものです。大変です。大変じゃないならもうやっているでしょうし，大変なことをやるから競争優位の確立につながるという面もあります。

　しかしながら，企業によってその大変さが異なるという事実もあります。これまでに構築してきたシステムが持っているデータの詳細度，パターン，網羅性といった部分は企業によって大きく違います。例えば，自社の売上データひとつとっても，ある企業は製品番号（製品コード）別のデータしか取れないが，別の企業は製品番号別かつ色別／ロット別といったもっと詳細なデータを取れる，といった違いが存在します。DXの企画内容にもよりますが，例えば色別の情報が必要だと定義されたときに，前者の企業だと相当苦労することになります。ここに，DX成功に向けた勘所があるのです。

　結局，求めている変革を実現できるかどうかは，データがあるのかどうか，あるいは簡単に作れるのかどうか，が決定的なファクターになります。アプリの設計やAIの実装はもちろん大事なことですが，**データが揃えられない場合は，その時点でDXのジ・エンドを意味する**のです。

❷　振り出しに戻らざるを得ないことも

　そのまま活用できるデータを集められない場合は，必要なデータを創り出さなければなりません。自社のいまのままのシステムでは欲しいデータを加工すらできないということであるなら，そのシステムを変更することから始める必要があるということです。このケースの場合，DX推進だけを急いでやったところでデータがない以上，結果が伴うことはありませんので，そういった振り出しに戻るようなことから始めざるを得ないということになります。

　日本企業が本格的にDXに取り組み初めて数年が経ちましたが，この数年の間に必要なデータを揃えるために，もともとあるシステムを改修したり構築し直したりした企業はどれぐらいあったでしょうか。単に新しいERPにバージョンアップするとか，ソフトウェアのアップデートをするということではなく，**データの持ちようを変えていくことに気を配ったか**を問うています。まだであれば，そこから考える必要があるかもしれません。

　繰り返しになりますが，いまないデータを揃える（作る・集める等）ことは大変ですが，DXの成功のためにはやるしかないのです。

4　必要なデータがないときはどうする？

　データを集める際に必要なデータがないということがわかったとき，実現のハードルは非常に高いものになることに気づいている方も多いのではないでしょうか。そのようなケースに出合ったときに，DX推進を担当する人はどうするべきか考えてみましょう。

　取りうる選択肢としてはいくつか考えられます。代表的なものは以下のものです。

> A　違うDXを企画し直す

> B　いま取れるデータでとりあえずやってみる
> C　合理的なレベルのデータを作る
> D　システムを構築する（あるいは構築し直す）

❶　企画のやり直しは最後の選択肢

　Aのケースは，データが揃わないから，いま進めているDX推進は諦めるということを意思決定することになります。なかなかの英断ですが，データさえあれば競争優位を確立できるという企画なら，もったいない判断になります。また，DXの企画にはそれなりの時間をかけてやる必要があることは前述のとおりですので，それだけの時間をまた費やすのかという点を考慮して判断する必要があります。

　結局のところ，諦めなければならないほど難しいのかを見極めたうえでの判断にする必要がありますので，この選択肢は，別の選択肢を考慮したうえで最後に選ぶものにするべきでしょう。

❷　採用しがちだが避けるべき「いま取得できるデータでやる」

　Bのケースは，現実的な落とし所だという判断で採用しているケースが多いと思われます。欲しい粒度ではないけれども傾向は捉えられるだろうということで，その時に取得できるデータを使って実現するというパターンです。

　このパターンは，ケースによるとはいうものの，本来のDXの効果が得られるものではありません。投資（時間の投下と開発やツール利用料等の外部流出費用合計）に対して効果がどれぐらいかを見積もって判断するという手はもちろんありますが，それでも十分な競争優位が確立できる可能性は高くないと考えられます。なぜなら，競合他社との競争，特にグローバル企業との競争は紙一重の争いになっていることが多いため，**妥協したレベルでは競争に勝てない可能性が高い**からです。劇的に現在とは状況が変わる新しいアイデアならこの限りではありませんが，そこまでの自信がある企画でないなら，Bという選択

肢を取らないほうがよいというのが，基本的な考え方になります。

❸ 最も有効な選択肢であるデータ加工

●多少のズレが許容されるか

　ではCのケースはどうでしょうか。こちらは，データがないなら作ってしまおうというものです。次のDのケースも，作るという観点からは一緒になるのですが，Cのケースは一から作るというよりは，いまあるデータを加工することで必要なデータを用意するパターンになります。

　例えば，先ほど製品番号別かつ色別の売上データというものがありましたが，いまのシステムからはその売上データが製品番号別にしか取れないとしましょう。ただ，売上のデータは取れないものの，製品別，色別の生産実績が生産管理システムから取得することが可能である場合，そのデータを組み合わせて製品番号別の売上を色別の生産実績で割ることで，仮想的に製品番号別かつ色別の売上を作り出すことができます。当然，生産した色別の数がわかっても在庫に積み上がっている可能性はありますし，営業からの生産依頼と生産実績にはリードタイムを含めてズレが生じます。しかし，そのズレが一定の割合に収まると予測できる（例えば，５％程度のズレで，それが大きく意思決定を歪めるわけではないと判断できる）なら，そのデータを使っても本来の目的はほぼ達成できると解釈可能です。

●工数が少なく済む

　このCのケースは，必要なデータを集められないときに採るうえで非常に合理的で，Dのケースに比べて圧倒的に工数（投下する人手，費用，時間）が少なく済むケースがほとんどです。実現したいDXがデータの正確性をそれほど求めていない場合はこのパターンを採用することが最も合理的です。顧客行動の予測や売上予測といった，予測系の判断を支援するツールや利便性を上げるためのアプリでは，もともとシビアなデータの整合性を求めません（もともとそんなに数字が一致するものではないからです）。予測精度がほんの少しずれ

るかもしれない程度であれば，時間と費用の削減を優先するという判断をするほうが合理的です。

　しかしながら，金額決済や年齢制限等正確なデータが求められる分野のDXの場合は，Cのパターンは採用できません。また，ズレが相当大きくなってしまう（先の色別の例なら，生産データと売上の実績が3か月ずれている等）場合は使えませんので，その場合もこのパターンは採用できません。

　このようにCのパターンは，実現したいDXの内容，必要となるデータの精度を勘案して採用可否を判断することになります。

❹　できれば採りたいシステム大改修

●相応の経営判断が必要に

　最後のDのケースですが，これが**最も確実な方法**でありながら，費用の面や時間の面で**最もハードルが高い選択肢**となります。

　DXに取り組んで数年が経過しているのに結果が出ていないという状況に鑑みると，「最初からDのパターンを採用していれば，いま頃DXの効果を享受していたのに」という思いを持つ人もいることでしょう。このように早めに英断できれば効果は大きいケースもありますが，判断が非常に難しいところになります。

　影響する部門やシステムが広範囲にわたることも想定されるので，相応の経営判断が必要になります。このパターンはDX推進担当者では判断できないレベルの話ですので，すみやかに経営層に判断してもらう必要があります。DXに精通していて自ら判断ができる経営層であれば問題ないのですが，そのような経営者は残念ながら日本企業では多くありません。そうなると，DX推進担当者が説得する資料を作成したり，関係各所と事前の調整を行ったりする必要が出てきます。これは企業文化に依存しますので難易度は企業によってまちまちになりますが，共通してDX担当者が明らかにしておかないといけない事項は整理しておきましょう。

　✓取得できないデータは何か

✓ パターンCを採用できない理由は何か

✓ システム再構築にかかる期間と費用はどれほどか

✓ その期間を経過してもDXの効果は期待できるのか

●陳腐化のスピードも速い

　ここで特に重要なのは４つ目のポイントです。データ取得が実現するまでに時間がかかるということは，DXの実現が先に延びてしまうことを意味します。システム改修や再構築等に必要な期間の分だけDX実現の期間が延びた場合に，もともと確保できると見込んでいた競争優位が引き続き享受できるのか，それとも期間とともに陳腐化するあるいは競合他社が先に実現してしまわないか，といったことを明確にしておく必要があります。

　あくまでDXによって競争優位を獲得することが目的であって，データをきっちりと用意して**当初の企画をやりきるということが目的ではありません**。やりきることが美学という風潮が企業によってあることは否めず，いつまでも結果が出ないプロジェクトを続けている例を見ることがありますが，ことDXに関しては，効果が得られないことがわかったら，陳腐化してきたら，勇気を持って撤退するというのが得策です。**デジタルのスピードは陳腐化のスピードも速い**と認識してください（図表３-５）。

　ここまでで，データが用意できないときの対応として代表的な４つのパターンを見てきました。これ以外にも，企業によって複数のパターンに跨がるようなケースが存在するとは思いますが，基本的にデータを用意できないときにはCのパターンを最初に考えることがポイントです。

　DX推進担当者や責任者の性格や仕事のスタンスにもよるのですが，プロジェクトを進めることを優先する人だとBのパターン，正しくきっちりとやりたい人はDのパターンを選びがちです。しかし，DXによる競争優位の追求は時間的制約が大きく，しかも紙一重の競争の中で結果を出していくものです。デジタル技術によるビジネス環境の変化のスピードは速く，競争は激化するの

図表3-5　必要なデータが取れないとき	

＜対応パターン＞	＜留意すべき点＞
A）違うDXを企画し直す	➤ 新たな企画に相当な時間を要する ➤ 最終手段と認識するべき
B）いま取れるデータでとり 　　あえずやってみる	➤ DXの効果は低くなる ➤ 妥協の産物で競争優位を確保できるのか吟味する必要がある
C）合理的なレベルのデータ 　　を作る	➤ 最も合理的な選択肢（最初に考えるべき） ➤ 理想的なデータと比べて誤差が生じるが，その誤差が意思決定に影響を与えない場合に採用すべき案となる
D）システムを構築する（あ 　　るいは構築し直す）	➤ 結果は理想的になるが時間がかかる ➤ 余計にかかる時間がDXの陳腐化を招かないかどうか，投資金額に見合った内容になるか吟味が必要

✓ A，Bの選択肢は採ってはいけない
✓ Cを最優先，Dは現実的かどうかを考える
✓ しかし，Dを恐れてはいけない

が世の常です。

　そう考えると，折衷案として，また実を取る施策としてのCパターン採用を真っ先に考えることが合理的です。Cのパターンでは，予測精度や影響度を見積もることが自力では難しいかもしれません。その際は外部コンサルタントを活用する等，間違いのない判断をするための手立ては並行して用意しておくことが望まれます。

5 データクレンジングって何ですか？

❶ 常に発生するデータ関連実務「データクレンジング」

　ここからは，データを扱う実務の話に入っていきましょう。

　どんなデータが必要かわかった後に，データの準備に入るかと思います。そのデータを用いてPoCをやり，思いどおりの結果が得られるのか，DXで期待した効果が手に入りそうかを判断するためです。

　そのデータを準備する際によく出てくる言葉が**データクレンジング**です。必要なデータを検討している際には，そのデータがあるかないかという観点で話をすることが多く，単純にそのまま使えるデータがある前提で話が進んでいることが多いです。その状態でいざデータを集めてくると，いろいろなゴミデータが入っていたり，必要のない項目が含まれていたりして，使える形に整理や加工を行う必要が出てきます。

　例えば，自社のサイトで会員登録をしてもらった顧客のデータが必要になり，実際のデータの中身をDX推進チームにて確認をしたところ，多くの重複データが入っていることが判明したというようなケースはよくあります。メールアドレスは違うものの，登録されている名前や電話番号が同じデータが存在しているような場合ですが，おそらく別のタイミングで2回登録したことが疑われます。そうなると，後から登録したデータ（最新のデータ）を正として扱う等のルールを決めたうえで，不要なデータを削除しなければなりません。この削除が完了するまでの一連の作業（データの特定〜対応方法確定〜クレンジング実施）をデータクレンジングと呼んでいます（**図表3-6**）。

❷　デジタルの時代に増え続けるデータクレンジングの実務

●データをそのまま使えるケースはごく稀

　DXで最も工数がかかる工程が，実はこのデータクレンジングです。昨今のデジタル化がもたらす大量のデータは，これまでに想定していなかった有用な情報をもたらしてくれるものになりましたが，一方で，より大量のデータを処理して結果を得るケースが多くなりました。その大量のデータには当然，大量のゴミともいえるデータ（意味をなさないデータ，重複等の不要なデータ）が含まれるようになりました。そのため，DX推進の過程で，ゴミデータを排除することが必要となるケースが多くなります。人が目で見て確認をする作業も

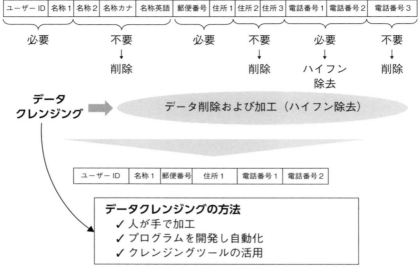

図表3-6 データクレンジング

相当な工数になりますし，コンピュータにクレンジングの処理をさせるにしても，当該プログラムの開発やテストの工数が必要となるため，取組みの多くの時間を占めることになります。

　このクレンジングの作業を怠ると，PoCで得られた結果の信憑性，精度に影響を及ぼすことが否めないため，手を抜くわけにはいきません。それほど大きな影響が予想されない場合はクレンジングをしないという手もありますが，フォーマットを含めてそのまま使えるケースはごく稀ですので，何らかのデータクレンジング作業が発生します。

●スピード重視で進める

　データクレンジングの作業は，中身としては単純なものが多いです。したがって，どういうクレンジングをするかの手順を作るところは中身をよく理解している人が担当し，手順に沿って作業をするのは別の人（社外への業務委託

でも可能）にお願いする，コンピュータで処理する場合はプログラム開発等を外部へ委託するといった対応をすることが基本になります。あくまでゴールはDXの効果を享受することですので，準備に時間をかけすぎず，PoCで結果を早く得られるように，データクレンジングの処理は可能な限り効率化することを念頭に置いてください。

　ただし，DXはデータがすべてですので，データクレンジングをおろそかにすることは厳禁です。データクレンジングに活用できるツール類もいくつかのベンダーから提供されていますので，その活用も視野に，スピード重視で進めることが重要です。

6　データ分析のことがよくわかりません

❶　データ分析は必ず必要というわけではない

　この章ではデータを扱っていますが，DXを推進している中でデータ分析が必要になるケースがあります。DXでは必ずデータ分析が必要というわけではありません。例えば，いままで見ることができなかったデータを見ることができるようになるだけで，企業や業務の変革が推進されるケースではデータ分析は必要ありません。業界団体が月次で発表しているマクロ動向のデータを取得して，ルールに従って閾値を超えた情報のみを取り込むといったものであれば，データ分析の必要はありません。取得するのみで済みます。

　一方で，大量のデータから一定の傾向を読み取り，未来がどうなるかを予測したり，その分析結果に基づいて自動でオペレーションを変更したり，といったデータ分析が前提となっているものも存在します。

❷　内容を理解せずにDXを進めることはあってはならない

●そんなに高度な分析は必要ないケースが多い
　データ分析が必要となるDXの取組みを推進している担当者は，当然どんな

データ分析を行うか，どういうロジックに基づいて，あるいは手順を経て分析結果が導かれるのかがわかっていないと，PoCをやった結果あるいは本番で出力されている結果に対して，正しいという確証が得られません。しかし，結構な頻度で推進担当者が分析の中身を理解していないケースに巡り会います。

　必要となる分析の内容は，実現しようとしている業務等によってさまざまです。単に予算実績の対比をして，乖離が大きいものだけをピックアップして昇順に並べるといった，エクセルで簡単にできるような内容のものから，複雑な数理モデルに従って大量のデータから結果を導くものまで，分析のレベルも多岐にわたります。

　しかし，企業におけるDX活動の中で必要としている分析の大半は，高度な数理モデルやディープラーニングを用いる必要はありません。にもかかわらずアナリティクスが必要だとか，AIを活用したXX分析といった言葉を外部コンサルタントやベンダーからインプットされることで，すごく高度なことをやっていると錯覚してしまっているケースが多く見られます。

　人が手で計算したり，並べ替えたりすることで可能な分析を，大量のデータを処理するためにコンピュータを使っているだけのものは，冷静になって見てみると意外に多くあるものなのです。それほど内容的には難しいものではないのに，**分析とは高度なものだと思い込んでしまっている**ということです。

●どんなシステムを稼働させるときも同じ

　もちろん，非常に高度な分析を行っていて，専門家でないとよくわからないというものも中にはあります。しかし考えてもみてください。よくわからない状態で，コンピュータプログラムがはじき出した結果が正しいと判断できますか？　しっかりと分析内容を理解している人が，コンピュータプログラムが導いた結果の検証を行ったうえで本番稼働させているならば話は別ですが。

　これは，高度かどうかではなく，どんなシステムを稼働させるときにも同じことがいえます。ちゃんと理解している人がテスト結果を見てGoの判断をしているからこそ，信用して本番稼働させるのです。つまり，分析内容を理解で

きないなら検証ができないので，その分析プログラムなりアプリなりを本番リリースしてはいけないのです。

　このような，ある意味危険な本番リリースは意外に多く存在します。ただ，多くはDXの範囲が限定されており，完全自動で分析後のアクションまでつながって，顧客に重大な影響を与えるような企業活動が行われてしまうようなプログラムを稼働させることは稀なので，致命的な問題につながることは現在のところはなさそうです。しかし，この状況でDX推進をどんどん加速させていくと，大きな問題に発展する可能性があります。

❸　DX推進担当者はわかるまであらゆる手段を講じるべき

　結局のところ，DX推進担当者は，DXで用いる分析の内容をきちんと理解しておく必要があります。よくわからないのであれば，わかるまで勉強しなければなりません。自分では無理だということであれば，自社の信用がおける専門家に依頼して，しっかり検証ができる体制を構築しなくてはなりません。わからないから外部コンサルタントに任せているというケースがありますが，**何か問題が生じたときに外部コンサルタントが責任を負う契約になっていることはまずありませんし，自社の重要な変革につながる判断を外部に任せること自体があってはなりません**。つまり，分析の内容が理解できないなら，その分析を活用するDXは即刻やめるべきなのです。

　ただし，先述したとおり，多くのケースでは大した分析をやっていません。アナリティクスやAIといった横文字に惑わされていることが多く，自ら理解することを知らず知らずのうちに拒否してしまっているに過ぎないのです。DXの本質・肝はデータにありますが，そのデータが何かを生み出す過程の1つが分析ですから，当然その中身を押さえておかないと結果に責任を負えません。その観点で，データに関するすべてのことはしっかりと理解しなくてはならないことを，肝に銘じておきましょう。

7 AIってどう使う？ 何でもできる？

❶ AIは何ができるのかを理解し，何をさせるかを明確にする

　データ分析のところでも出てきましたが，必ずといっていいほど企業のDX活動で話題に上るAI。第2章で触れたように，DXをやるための必須ツールではないにもかかわらず，かなりAIを意識したDX推進が日本企業では多い印象を受けます。これは，よくわかっていないからそうなっているという要素が多分にあると思われます。ゴールは決まったけれど，いまの状態（スタート）からそこまでの具体的な方策は，AIという万能プログラムがやってくれる，そんな打算が働いているように見受けられるケースもあります。

　データ分析と同じで，DX推進担当者はこのような打算で動くことを決してやってはいけません。明確にAIに何をしてもらうのか，何を学習させてどういう判断を自動でやらせるのか，この部分を理解していないと，結果に対して責任を負えません。

　繰り返しになりますが，データというDXの肝となるものを分析・加工するのは，非常に重要な作業です。データに基づいてさまざまなことを行うということは，データに関するあらゆることを，作り手たるDX推進担当者は理解しておかなくてはならないということです。自分のあずかり知らぬところでデータに手が加わることはあってはなりません。

　AIは何でもできるわけではありません。超絶に頭のいい赤ちゃんだと思ってください。こちらが教えたことはすぐに覚えますし，大量に覚えます。言ったとおりのことを確実に間違わずにやってくれます。つまり，こちらが教えられることを使って何かをやらせる（計算や判断）ことは大得意です。

　一方で，**教えていないことはいつまで経ってもやってくれません**。人と違って，学校や塾といった複数の先生に教えてもらえる機会はなく，新しいことを勝手に学習することはないのです。あくまでコンピュータプログラムであり，

人がプログラミングしたとおりに学習したり，学習内容を発展させたりすることしかできないのです。また，現在のAIは，そのプログラムの特性によって得意分野が違います。画像処理に強いAIや文章解析に強いAIがいるといった具合に，万能なAIがいて何でも教えればいいという話でもありません。

●**AI理解のポイント**

　こうなると，重要なのは，使い手であるDX推進担当者が企画のゴールに向かうために必要なAIを特定できるか，そして，そのAIを使いこなせるか，にかかっているということになります。

　ここは非常に重要なポイントです。使いこなせないなら，AIを使わないDXにするべきです。そうできないなら，AIを理解することです。プログラムのロジックの詳細まで理解する必要はありません。どんなインプットデータを用意すれば，どういった学習が行われてどんな結果を導くのか，この点をしっかりと腹落ちさせることです。

　そして，AIは単独ですべてを完結してくれません。**前後のプロセスやシステムと結びつくことによってゴールに到達**します。したがって，AIとつながる前後のプロセスやシステムとのインターフェースに必要な要件を押さえておくことが重要です。ここまで理解できていれば，AI活用の道は開けると思います（図表3-7）。

8 データが間違っていたらどうなりますか？

❶ 企画段階でデータが間違っている前提を置くことは稀

　デジタル＝データという概念から始まり，データがないと何も始まらない，データが最も重要な要素である以上，それにまつわる部分を理解しないまま進めることはできない，といったところを見てきました。DX推進担当者は，DXの企画を正しく策定する役割を担うとともに，データのことをよく理解してプ

図表3-7　DXにおけるAIの位置づけ

インプット
データ

AI

アウトプット
データ

➤ 次のアクション
　（自動）
➤ レポート出力
　　　　　etc.

➤ AIの主な役割
　　✓ 決まったルールに従った判断等
　　✓ 学習結果に基づく分析・判断等

➤ AIにはさまざまな種類が存在
　　✓ 画像解析を得意とするAI
　　✓ 音声解析を得意とするAI
　　✓ 自然言語処理を得意とするAI
　　　　　　　　　　　　etc.

➤ インプットされるデータに基づきアウトプットデータが作られ，
　その内容に従って後続の処理が行われる
　　✓ DX推進担当者は中身を理解しなくてはならない（アクション
　　　を自動ですることになるため）
　　✓ 何か起こっても外部コンサルタントは責任を取ってくれない

ロジェクトを推進しなければならない重責を負っています。当然その重責を果たすために，権限と責任が対で与えられていないといけませんし，推進に必要な体制が整っていなければDXの成功は見えてきません。こういった話は，実はデータが正しいという前提に立脚しているからいえることでもあります。

　もとになるデータが誤ったデータであったら，という条件まで考えて企画することはありません。正しい前提でDXに必要なデータが何か，そのデータはどこにあるのか，加工が必要なのかそうでないのか，といったことを検討するわけです。必要なデータが存在しない場合には，データを自分で作る（加工によるものも含め）ケースがありますが，これについても一定のロジックに従っておおよそ正しいものになることを検証したうえで行います。つまり，**常に集**

められるデータ，処理されたデータは正しいことが前提です。

❷　データの間違いはDXの結果に大きな影響を与える

では，もしそのデータが間違っていたらどうでしょうか。あまり意識していないかもしれませんが，意外にデータが間違っていることはあります。顧客に対する金銭授受に関わるデータ（入金や支払等）は，間違いがほとんどないものです。注文内容についても自動化されていたり，多重チェックが行われたりするので，ほとんど間違いはありません。

しかし，予算のデータや見込みのデータのような，**内部でのみ使っているデータにはそれなりに間違いが存在**しています。これは，人が入力しているという点，多重チェックをしない点，入力者の重要性に対する意識の欠如，といったものが関係していると考えられますが，結構な頻度で間違いのデータに遭遇します。もし，これらのデータをDXの中で利用する必要がある場合，データが間違っていれば間違った結果が導かれ，間違った意思決定がなされることになります。

❸　データ精度もDXの結果に大きな影響を与える

間違いではないけれども，大きな影響を与えるというケースもあります。それはデータ精度が低いというケースです。

データ精度には大きく２つの種類が存在します。１つ目は，必要なデータがない場合に，自らデータを加工して作るケースで見られるものです。先ほど出てきた製品番号別／色別のデータが必要なところ，製品番号別のデータまでしか存在していないので色別のデータを一定のロジックに従って作るというケースですね。この際のデータ精度とは，データ粒度が足りないことを意味します。このケースは，もともと精度がどれぐらいか，精度を上げるために何らかの加工をするという手立てがわかっているので，特に問題はありません。すでに折り込み済みということです。

間違っているケースと同様に問題になりうるのは２つ目で，**正しさ，確から**

しさが足りないというケースです。これは，販売予測のようなデータでよく見られます。受注パイプライン（いつ頃，誰に，何を，どれぐらい売ることができそうかという情報）をもとに今月以降の売れ行きを予測し，そのデータに基づいて生産計画や発注計画へつなげるといったケースです。受注パイプラインデータは営業担当が入力するデータで，そのデータには受注が確定したものだけではなく，受注できそうな案件，受注できなさそうだけどワンチャンスあるという案件等，さまざまな確度のものが含まれます。確度は営業担当者によって保守的に入れる人，大風呂敷を広げる人といった違いが生じます。それだけ，信じていいのかどうか判断が難しいものになるということです。また，顧客を訪問したらすぐに入力する人もいれば，受注が確定してからしか入れない人もいるので，受注パイプラインデータの品質は安定しません。このようなデータを活用する必要がある場合，出てくる結果に対して一定の補正を行う必要があるのです（**図表３-８**）。

❹　常に意識が必要なデータの確からしさ

　データが間違っているケース，データの精度（確からしさ）が足りないケースに関しては，DXで活用する際には留意する必要があるということを覚えておいてください。最も致命的なものは間違っているケースです。間違っていることに気づければいいのですが，間違ったまま意図しない意思決定をしていると，自社に対して大きな損害を与えることになります。

　これを防ぐためには，**常にデータが正しいという状態を担保できるプロセスや仕組みが必要**となります。詳細については第６章で触れますが，データが日々どう管理されているかが問われる部分です。データに基づいてさまざまなことを判断するということは，常にデータが正しい状態に担保されていることが大前提で，担保されている状態を作るプロセスと仕組み（先ほど出てきたデータガバナンスですね）を構築できていないと，DXは進められないということです。

　一方のデータの精度が足りないケースは，精度不足が与える影響を慎重に見

図表3-8 データは間違っていないことが前提

| 間違った インプット データ | AI ／データ 処理 | 間違った アウトプット データ | 間違った 企業活動 |

※処理の内容は正しい

> **データ内容にまつわるDXでの影響**
> ✓ **データが間違っているケース**
>   →深刻度Max
>   →すべての前提が狂う
>   →企業活動に深刻な影響を与える可能性あり
> ✓ **データの精度が足りないケース**
>   ✓ 粒度が足りないケース
>   →それほど深刻にはならない
>   →自らデータ加工をルールに従って行う（粒度確保）
>   ✓ 確からしさが足りないケース
>   →程度にもよるが相応の影響を覚悟すべき
>   →確からしさを上げるための活動（チェンジマネジメントや
>   ルール厳格化等）を進めて，確からしさをアップする

極めたうえで活用することが大前提になります。一定の補正を考えつつ，実運用の中で徐々にデータの精度を上げていく活動（確度設定のルール化，営業担当者に対するタイムリーな入力徹底等）を通じて，使えるものにしていくというアプローチも可能です。活用するデータがどの程度の確からしさを持っているのか，8割信用できるのか，それとも3割しか信用できないのかを，企画段階で見極めたうえで計画の最終化を行うことが重要です。データの精度を上げる活動に半年かかるのであれば，取り組もうとしているDXは半年以上先にならないと実現しません。それでもやるのかどうかという観点を持って企画を進める必要があるということです。

＊

本章では，DXの肝になるデータについて整理をしてきました。さまざまな

事象をデータで表し，そのデータをもとにさまざまな行動につなげたり意思決定したりするということは，データについてのすべてのことを理解していなければなりません。ここでいう理解は，ファイルの拡張子の意味やデータ連携のプロトコルを覚えろということではありません。データにはどういう特性があり，そのデータを作成したり加工したり，あるいは分析したりする際にどのような目的でそれが行われたか，結果としてそれが正しいかどうかを自ら押さえる必要があるということを意味しています。つまり，DXが実質ほとんどのデータ処理をコンピュータに任せる以上，コンピュータが何を行うのか，どの部分をどこまで任せたのかを理解して，**コンピュータが出した結果の確からしさを自ら担保しなければならない**ということです。

　コンピュータは決まったことしかやりません。ちょっと気を利かせてうまくやっといてくれるということはありませんから，インプットとなるデータが間違っていると間違った結果しか出てきません。その意味からもデータは最重要な存在で，間違っていることは許されないものです。何気なくデータという言葉を日頃使っていると思いますが，それだけの重みを持ったものだという認識をぜひ持ってください。

第4章

サイバーセキュリティは
どれくらい重要ですか？

94

　前章では，DXの肝はデータにあること，そのデータがいかに重要なものか
といったところに言及してきました。それだけ重要な存在なのに，相応の扱い
をしていないということに気づかれた方も多いのではないでしょうか。

　筆者はここ数年来，日本企業のデジタル化に関わってきていますが，データ
に対する日本企業（もしくは日本人）のスタンスがあまり変化していないと感
じています。それが顕著に感じられるのが，前章でのデータの重要性に対する
意識と，本章で扱うサイバーセキュリティに関するスタンスです。口ではわ
かっていると言いながら行動に表れていないのです。

　セキュリティには物理的なセキュリティ（入退室や書類の保管等）とサイ
バーセキュリティの双方が含まれますが，本章では，DXとの関わりが深いサ
イバーセキュリティに絞って触れていきます。

1 サイバーセキュリティって何をするのかわかりません

　DXを含むデジタル，情報システム等に携わっている人に留まらず，サイ
バーセキュリティという言葉を聞いたことがない人はいない状況ですし，セ
キュリティと名がつく以上，何らか対応しなくてはならないというおぼろげな
理解は誰もが持っているのではないでしょうか。しかし，具体的に何のことを
いっているのか，自分たちが何をする必要があるかという点について，よくわ
かっていない人も多いかと思います。

　デジタルやDXと同じく，サイバーセキュリティといっても，人によって
言っている内容が微妙に違う世界ですので，厳密な違いには触れずに，だいた
いこんな枠組みで重要な点はここだ，という整理にしておこうと思います。

❶　サイバーセキュリティとは

　さて，サイバーセキュリティという言葉の定義ですが，例によってはっきり
とした定義がありません。意外に思われるかもしれませんが，論者・識者に
よってカバーしている範囲が違っている状況で，おおよそこのあたりを指すこ

とが多いよね，という程度の定義になります。しかし，企業が日々の活動で一般的に使っている範囲を想定し，第１章で触れたサイバーという言葉の範囲でのセキュリティと本書では捉えることとします。つまり，物理的なセキュリティ以外の，いわゆる**コンピュータやネットワークに関連する**セキュリティのことをサイバーセキュリティとして話をしていきます。

　本書でいうサイバーセキュリティにはデータセキュリティと呼ばれている分野も包含していますので，そのつもりで読み進めていってください。

❷　侵入を防ぐことだけがサイバーセキュリティではない

●身を守るための手立てはいろいろある

　第１章のサイバーの項目で簡単な説明を入れましたが，多くの人がサイバーセキュリティという言葉から連想するのは，サイバー攻撃から身を守る（さまざまな情報資産やデータを守る）ということでしょう。そのとおりの理解でいいのですが，身を守るためには結構いろいろとやっておくべきことがあるにもかかわらず，あまり何もやっていないという点が見過ごされる傾向にあります。裏を返せば，いまのままではあまり守れていませんよ，ということです。ここに気づかずにデジタルにいろいろ手を出してしまっているので，知らず知らずのうちにリスクが高まってしまっているのが現状です。

　多くの日本企業（日本人といったほうが正しいかもしれません）は，外から侵入されないようにすること，不落の城の城郭のようにがっちりと守りを固めることがサイバーセキュリティだという理解をしています。もちろん，がっちりと守ることは重要で，それはそれで取り組む必要があります。しかし，サイバーセキュリティというものは，それだけでは不十分なのです。もし入られてしまったら最小限の被害で済ませられるように対策が必要ですし，入られたのに気づけないというのでは話になりませんから，気づくための対策も必要です。そういった**サイバーセキュリティの全体像を押さえておくことは，DX推進担当者として必須の事項**となります。

　もちろん情報システムそのものの構成や，既存のサイバーセキュリティ対策

96

の状況は情報システム部門でないとわかりませんが，自分たちの行うDXが関わるどの部分の対策が十分／不十分なのか，足りないところはどこになりそうかを理解し，対策を情報システム部門と相談して進めないと，リスクを放置してしまう結果になります。適切な対応を講じるには，サイバーセキュリティを理解していることが大前提です。

●情報システム部門とともに解決する問題

サイバーセキュリティは情報システム部門に任せておけばいいと思っている人も多いかと思いますが，それは非常に危険な考え方です。そもそも，情報システム部門がすべてを管理しているか（できているか）という点で，これだけ多くの情報端末やソフトウェアが溢れているのですから，完全な統制を実現することは事実上不可能です。もちろん最大限の努力を情報システム部門はやっていますが，フロント部門で独自に使っているツールや，DX推進プロジェクトが作ったアプリケーションの中身まで，すべてを詳細に把握することは非常に困難です。

ということは，DX推進担当者は，自ら推進しているDXの中で使うデータやツール類の把握，ネットワークへの接続方法，開発するプログラムの脆弱性対策といった，自分で管理できる範疇に関しては，一定の責任を持たなくてはなりません。サイバーセキュリティは情報システム部門の責任，任せればいいという考え方を改め，**情報システム部門とともに自らが解決しなければならない問題**だということを理解してください。

2 サイバーセキュリティにフレームワークがあるんですか？

では，サイバーセキュリティとはどんなもので，何をどこまでやらないといけないのかという点を整理しておきましょう。情報システム部門に所属している人，さらにその中でサイバーセキュリティ関連の仕事に就いている人は，世の中に何らかの定義やフレームワークというものが存在しているという認識は

お持ちかと思います。しかし，それ以外のフロント部門やバックオフィス部門に所属している方は，そこまで認識できていない人がほとんどだと思うので，そのあたりから話を始めましょう。

❶　法令遵守の観点から見るサイバーセキュリティ

●日本のサイバーセキュリティ基本法

　一番手っ取り早いのは，法律で何らか決まっていれば，少なくとも最低限その法律に従わなくてはならないという意識が働くと思うのですが，皆さんがそう思っていないということは，日本にはそういった法律が現時点で十分に整備されていないということを意味しています。

　日本では，**サイバーセキュリティ基本法**というものが2015年から施行されていますが，基本理念の規定に留まっていて，具体的な遵守事項が決まっているわけではありません。日本政府としても法整備に向けた動きをここ数年で行ってきていますが，まだ法律として具体的な対応手順まで整備されていない状況にあり，一部公共の入札案件でセキュリティに関する要件を加えている（特に防衛関係等で）ものが出ているくらいの状況です。ここ数年の間には，公共の入札案件すべてに一定レベルのセキュリティ要件が加わり，その後，民間企業に対しても法律でのしばりが出てくることが予想されます。

　こういった動きは至るところで出ていますので，DX推進担当者はアンテナを張っておかないと，いざというときに法律に準拠することが難しい，リリースしたアプリを大幅に変更しなくてはならないということになるので留意が必要です（**図表4-1**）。

●海外での法制度

　では，この法律という観点で海外の状況を見てみましょう。

　身近なところでは，中国で法律が制定されています。**中国データセキュリティ法**と呼ばれていますが，2017年に施行されていますので，5年以上前から法的な対応を進めていることになります。内容としては，インターネットを含

| 図表4-1 | さまざまな種類のサイバー／データ関連の基準 |

各国の法的整備	国際標準に向けた動き
➢GDPR：EU一般データ保護規則	➢NIST SP800シリーズ
➢中国サイバーセキュリティ法	➢ISO27001
➢中国データセキュリティ法	etc.
➢サイバーセキュリティ基本法（日本）	
etc.	

✓ 各国でサイバーセキュリティに関する法整備が進んでいる（現状は強制力や
法律で制定しているセキュリティレベルはかなり違う）
✓ 上記理由から国際標準の制定が求められており、NIST SP800シリーズが事
実上の標準になる可能性が高まっている

む通信やデータの保護，セキュリティ対策といった分野の実施規則が制定され
ており，個人の権利保護や組織のセキュリティのみならず，中国国家の安全や
公共の利益の保護を目的としています。日本企業も中国国内でビジネスを行う
場合には従う必要があるものです。中国では2021年に，中国データ安全法（中
国データセキュリティ法）というものも施行されており，データそのものに対
する規制も強化される方向に動いています。これらは内容としては，サイバー
セキュリティを担保するうえで有用な（規制すべき）内容が含まれているもの
の，中国独自色が強い面もあり，当然グローバルスタンダードではありません。
　しかし，国によっては，こうした独自の法律でサイバーセキュリティに関す
る規制をかけており，DXの内容（特に，持っているデータや使う国・地域）
によっては規制に対する対応を勘案しておかないと，**法律違反というビジネス
上取り返しがつかないインシデントを起こしてしまう可能性**があります。
　今後そういった国は増えてくると想定されますし，そのような規制が出始め
ています。代表格は，EUにおけるGDPR（General Data Protection Regulation：
EU一般データ保護規則）です。GDPRの詳細な内容は専門書に譲るとして，
ここではグローバルにビジネスを展開している日本企業は，DXを通じたサー
ビスを提供する際にサイバーセキュリティやデータに関する法的な規制を十分

に調査したうえで，必要な対応をすることが求められていることを覚えておいてください。

❷　国際標準という観点から見るサイバーセキュリティ

そんないくつもの国に対応するのは難しいし，情報収集もままならないという不満が聞こえてきそうです。当然，法整備をする国の立場からしても，いくら自分たちで法律を作っても，取引をする相手国がしっかりと守っているのかとか，同じ基準で法律を作っているのかが一定程度わからないと，安心して取引ができません。

●ISO27001

そういうことから，国際標準を作る動きが数年前から進んでいます。最も耳にするのはISMS（Information Security Management System）認証と呼ばれているもので，国際規格としてのISO27001です。ISOという組織の詳細は必要ないかと思いますが，日本企業も製造業を中心にISO9001やISO9002といった品質管理に関する国際規格への対応を進めたり，ISO14001といった環境に関連する国際規格への対応を進めたりしてきています。昨今ではBCP，BCMSに関する国際規格ISO22301の取得に動いている日本企業も多いと思います。

その**国際規格の情報セキュリティ版がISO27001**で，すでに取得している日本企業も数多くあります。あえて情報セキュリティといったのは，サイバーセキュリティだけでなく，物理的なセキュリティを含む広範な領域をカバーしているものだからです。当然認証を受けるということになるので，企業全体としてISOに定義されているすべての事項をクリアしなくてはなりません。また，毎年監査を受けることになりますので，取得後も継続的に遵守していく必要があります。

ISO27001を取得している企業の場合，サイバーセキュリティに関しては，少なくともISO27001に定義されていることは社内の情報セキュリティ規程等で定義されていますので，DX推進担当者はそれに最低限準拠することを意識

しておけばよいでしょう。

●NIST SP800シリーズ

　しかし，残念ながら，このISO27001がグローバルスタンダードとして十分機能していて，これを取得して準拠していれば大丈夫という状況にはありません。ISO27001の規定だけではサイバーセキュリティ対策として十分でないという点があり，欧米ではNIST（アメリカ国立標準研究所）が発行したSP800-53およびSP800-171をサイバーセキュリティに関するスタンダードとして，政府の調達要件等に取り入れています。

　例えば，アメリカでは連邦政府機関の情報システムはSP800-53に準拠していなくてはならず，クラウドを利用する場合にはFedRAMP（Federal Risk and Authorization Management Program）認証を受けたベンダーのクラウドでないと利用できないとされています。こういった動きは政府間だけでなく民間企業にも広がっており，欧米の資本主義国陣営に属する日本もNIST SP800シリーズの適用へ動いています。

　したがって，DX推進担当者は，このNIST SP800シリーズを意識したサイバーセキュリティ対策をアプリケーション等に施しておかないと，欧米企業との取引が難しくなる可能性があります。逆にいうと，SP800シリーズに準拠しておけばグローバルスタンダードとしてのサイバーセキュリティ対策が完了していることになり，自社にとっても安心してサービスを提供できることになるとともに，万が一インシデントが起こったとしても，適切な対応をしていると胸を張って言える状態なので，顧客からの信頼を得やすくなるということになります。

❸　求められるNIST SP800シリーズへの対応

　つまり，日本企業がDXを進めていくうえでは，ISO27001に基づく自社の情報セキュリティ規程に基づくのはもちろんのこと，NIST SP800シリーズへの対応を前提にしておいたほうがよいということです。ここを意識してDXに取

り組んでいる日本企業は，残念ながら多くはありません。

　情報システム部門が，DXに限らず情報システム全体としてNIST SP800シリーズへの対応を進めている場合は，DX推進担当者がそこまで意識する必要はないかもしれません。SP800シリーズ対応の過程で情報システム部門が求めてくる対応を忠実に実行すればよいためです。そうでないなら，DX推進担当者が相当意識して進めないといけません。DXの実現は経営課題として待ったなし（優先度が高い）と認識されて取り組んでいるのでしょうから，情報システム部門のSP800シリーズ対応を悠長に待っていることはできません。まずは情報システム部門にSP800シリーズへの対応が予定されているか，それはどういうスケジュールで推進する予定かを確認し，その状況次第で自分でどこまで意識して進めないといけないかを判断することが先決です。

3 NIST SP800シリーズへの対応方法を教えてください

❶　NIST SP800シリーズの概要

　では，情報システム部門でSP800シリーズ対応の目処が立っていないことを想定して，NIST SP800シリーズで押さえておくべきポイントを整理しておきましょう。当然DX推進担当者だけでは対応できないことが満載で，情報システム部門と一緒に進めることが大前提になります。また，SP800シリーズの内容そのものを詳細に押さえるには，情報システム部門の人でも相当時間を要しますので，NIST対応に長けた外部コンサルタントをプロジェクトに加えることをお勧めします。DX推進担当者はSP800シリーズの詳細な内容まで押さえる必要はありません。その部分は専門家に頼るという前提でOKです。

●NISTの基本思想５段階

　では，何を理解する必要があるかというと，NISTが定義している技術体系やフレームワークの内容，そしてそのフレームワークに沿った構築・運用がな

されているかどうかをチェックできるプロセスや体制の整備に関する事項です。

　NISTが発行する技術体系は，NIST CSF（NIST Cyber Security Framework）という概念を基本思想としていて，その内容は，サイバーセキュリティ対策を**「特定（Identify）」「防御（Protect）」「検知（Detect）」「対応（Respond）」「復旧（Recover）」**の5段階で捉えたものになっています。

---

① 特定（Identify）
　……攻撃を受ける可能性のある資産や，いままさに攻撃を受けている資産を特定する（資産管理，ビジネス環境，ガバナンス，リスクアセスメント，リスク管理等）
② 防御（Protect）
　……事前に特定し，予測された攻撃を受ける前，もしくは受けた際に，その攻撃から情報システムを防御する（アクセス制御，意識改革と教育，データセキュリティ，情報管理プロセス遵守，保守運用等）
③ 検知（Detect）
　……情報システム内部に侵入を許した場合に，侵入されたという事実を検知する（システム監視，検知プロセス等）
④ 対応（Respond）
　……検知された侵入行為や侵害行為に関して正しい対応を行い，被害の拡大を抑止する（計画の策定，伝達，分析，低減，改善等）
⑤ 復旧（Recover）
　……被害が出た場合に，被害範囲の特定や影響範囲の把握を行い，適切な処置を通じて早急な情報システムの復旧を行う（計画の作成，改善，伝達）

　このフレームワークには，管理手法の概念や管理方法・体制等が定義されています。このうち①と②が侵入前，③以降が侵入後の対策について定義されているものになります。そしてこのレームワークをもとに，実施すべきタスクや

手順等が定義されているものが，SP800-53やSP800-171といったものという位置づけになります。

●SP800-171が遵守すべきスタンダード

　NIST CSFで核となるのはSP800-53です。これにはアメリカの連邦政府機関における機密情報（CI：Classified Information）を情報システムで取り扱う際のタスクや手順が規定されており，1,000を超えるコントロールが存在しています。あくまで国家機密という位置づけの情報を取り扱うものですので，連邦政府に対する入札を行うようなことがない限り，そこまでの対応は求められません。

　このSP800-53から，機密情報以外の重要情報（CUI：Controlled Unclassified Information）を保護するために100を超えるコントロールを抜き出したものがSP800-171で，こちらが欧米で企業が基本的に遵守すべきスタンダードとして扱われているものです。SP800-171はSP800-53に比べて緩いものになっているかというとそういうわけではなく，コントロールの観点や網羅性といったものに差があるという性格が強く，決してサイバーセキュリティの強度が低いというわけではありません。したがって，SP800-171に対応するためには，それなりの準備と体制が必要になるという理解はしておいたほうがよいでしょう（図表4-2）。

❷　重要なのはサイバーセキュリティにおける5段階への対応

●侵入後の被害を最小限に食い止める

　ここまででNISTの概要をお伝えしましたが，ここで理解しておかないといけないのは，サイバーセキュリティは5つの段階に分かれているという点です。ISO27001をこの5段階あるNIST CSFに照らしてみると，①と②の侵入前の部分には共通しているところが多いのですが，③以降のところはそうでもありません。したがって，ISO27001への対応を基本としてきた多くの日本企業は，侵入前の対策は力を入れているものの，**検知後のプロセスにおける対策が不十**

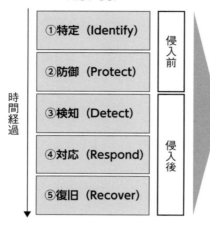

図表4-2　NISTのフレームワーク

NIST CSF

①特定　（Identify）

②防御　（Protect）

侵入前

③検知　（Detect）

④対応　（Respond）

⑤復旧　（Recover）

侵入後

時間経過

NIST CSFに基づいて実施すべきタスクや手順を定義

→NIST SP800-53　（機密情報を含む）
　1,000超のコントロール
→NIST SP800-171 （機密情報は除外）
　100超のコントロール
　民間企業が遵守すべき標準

分になっている例が多いのです。

　これは，欧米では侵入されることを念頭に置いて，被害を最小限に食い止めるということに主眼が置かれていることを意味しています。日本企業（日本人）は，どうしてもサイバーセキュリティといえば侵入を防ぐものという意識が強くなりがちですが，グローバルスタンダードはそうではないということを理解しなければなりません。日本でISO27001を正にしすぎた弊害といえるかもしれません。まずは，自社のいまの状態は③以降が弱いものだという認識を持って対策を考えていけばよいかと思います（**図表4-3**）。

●筆者自身のケース

　筆者がCIOとして自社のNIST対応を進めた際には，一定のグローバルスタンダードを取り入れている組織ではあったので，それほど対応に苦労はしないだろうと思っていましたが，初期アセスメントによる準拠率は6割から7割といったところでした。NIST対応のコンサルティングを行っている部隊に聞くと，初期アセスメント時に3割にも満たない企業が多いということでしたので，

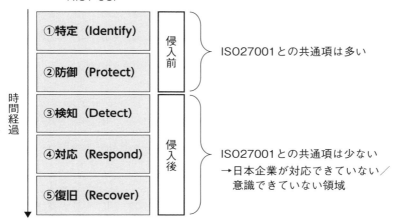

図表4-3 NISTのフレームワークと日本企業の弱み

NIST CSF

①特定（Identify）
②防御（Protect）
侵入前 — ISO27001との共通項は多い

③検知（Detect）
④対応（Respond）
⑤復旧（Recover）
侵入後 — ISO27001との共通項は少ない
→日本企業が対応できていない／
　意識できていない領域

時間経過

✓ 日本企業は総じて検知（Detect）以降に対する意識が低く，対応ができて
　いない傾向にある（欧米企業との決定的な差）
✓ 侵入されることを前提にしてサイバーセキュリティ対策を行うことがグ
　ローバルスタンダード

相当日本企業（日本人）の意識とグローバルスタンダードにはズレがあるということでしょう。

　筆者のケースでは，準拠していなかった部分の大半は，検知後に適切なプロセスが定義されていないものでしたので，ISO27001ではOKだが，SP800シリーズではNGだという典型的な例だったかと思われます。1年ほどかけてすべての項目に対応し，現在はNIST対応を完了していますが，どれも確かに必要だと納得感のある対策が多いものでした。NISTを意識してDXを進めることは，企業リスクを極小化するという観点でとても重要なことだと思っています。

❸ DXで留意すべきNIST SP800シリーズの内容

　では，このNIST CSFとSP800シリーズに基づいてDXの取組みを進める中で，

何に気を配り，確認なり施策実行なりをしなくてはならないかに触れておきましょう。ここではあくまでDXを推進するという点に範囲を絞りますので，企業の情報システム全体としてNIST SP800-171に対応する際には，情報システム部門を中心に，専門の外部コンサルタントも入れてプロジェクトを組成することをお勧めします。

●侵入前におけるDXでの留意点

ISO27001に対応している企業は多いことを念頭に，NIST CSFでいう①および②の侵入前のところについて見てみましょう。侵入前対策ですのでイメージはしやすいかと思います。

情報システム部門がすでに行っているものが多いので意識する必要がないと思われるものは，PC等の端末（エンドポイント）のセキュリティ対策（ウイルス駆除ソフトの導入やDLP（Data Loss Prevention：データ漏洩対策）の導入），サーバーやネットワークの基本的なサイバーセキュリティ対策（ファイアウォールやDMZ（Demilitarized Zone：外部ネットワークと内部ネットワークの中間に設けられる緩衝地帯）等の設置）等です。DLPは，USBメモリ等にデータをコピーできなくするツールだと理解してもらえればよいかと思います。できているのか不安だという場合は，情報システム部門にどういった対策ができているのか，それは十分なのかどうか，確認と相談をしてみることをお勧めします。

〈留意点1：外部サービスにおけるサイバーセキュリティ対応〉

DX推進に特有ということで考慮すべきと考えられるものは3つあります。1つ目は，外部クラウド環境にてアプリケーション開発等を行っている場合の，当該環境に対するサイバーセキュリティ対応です。自社の情報システム部門にお願いして環境を用意してもらっている場合はまだリスクが少ないですが（自社の環境と同じように対策をしてくれる可能性が高い），外部コンサルタントやベンダー任せにしていたり，ちょっと詳しいメンバーがプロジェクトチーム

にいるので自分で環境を起ち上げたりしている場合は，**特にサイバーセキュリティ対策をしないで利用している可能性が捨てきれません**。外部の人も，セキュリティの専門家ではない人（いわゆる開発系の人）で構成されることが多いので，任せることにはリスクが伴うことを認識してください。ここの対策が不十分になっていないか，しっかりと確認してください。

〈留意点２：協力会社のセキュリティレベル〉
　２つ目は，外部コンサルタントやベンダーを使う際に，その**協力会社の情報管理規程の整備状況やサイバーセキュリティ対策についての実施状況を確認する**ことです。開発環境等をしっかりと自社で対策しても，その環境にアクセスしている外部の人の端末等が不十分なサイバーセキュリティだと，そこから情報漏洩やサイバー攻撃を受ける可能性があります。DXに関連するすべての環境について，NISTに準拠しているのかどうか，そうでないならどこに準拠できていないところがあるのかや，リスクがあったとしてもあまり大きくない，もしくは運用で回避できるので大丈夫だといった確認を取って進める必要があります。

〈留意点３：脆弱性対応〉
　３つ目は脆弱性対応です。脆弱性対応とは，サイバー攻撃を受けてしまった時に侵入されるような弱点を持っていないことを確認し，必要に応じて弱い部分を補強することを意味します。通常は，プログラムをリリースする前に脆弱性検査を受け，考えうるサイバー攻撃に対応できていることをテストすることになります。このテストを必ず行うようにしなければなりません。
　テストをクリアした後でも，当時気づかなかった脆弱性が発見されることもしばしばありますので，**常にどんな脆弱性にも対応が必要だという意識を持ち続ける**ことが重要です。例えば，2021年12月にApache Log4j（アパッチログフォージェイ。ソフトウェアのようなもの）において脆弱性が発見されました。この機能を使っているプログラムに対して，リモートで任意のコードを実行す

ることができるため，情報漏洩やランサムウェアの感染等が起きる可能性が取り沙汰され，世界中で対応が急がれました。Javaという言語で開発したプログラムのログを記録・出力する機能であったため，使っているソフトウェア・アプリケーションも多く，かなりの騒ぎになりました。これは，アプリケーションを作った時にはわかっていない脆弱性です。

　このことからおわかりのように，作ったら終わりというわけにはいかない，後から発見された脆弱性にも対応するため常にサイバーセキュリティには気を配っておく必要がある，ということです。

　では，そのために何をしておく必要があるのでしょうか。「未来のことなんて予測できない」という声が聞こえてきそうです。DX推進担当者がやっておかなくてはならないことは，**開発したプログラムがどのようなソフトウェア，ツール類，ライブラリ等を使っているのか，詳細に管理し更新できるようにしておく**ことです。OSは何で，バージョンはいくつか，使っているツールも同様にバージョンを含めて管理する必要があります。バージョンXX以降は脆弱性に対応済みといった情報が回ってきますので，自社の使っているバージョンがわからないと脆弱性に晒されているのかどうか判断ができません。情報資産／プログラムの管理がバージョンを含めてしっかりとされていれば，脆弱性が発見されたという情報をキャッチした時に，自社のアプリケーションに同様の脆弱性があるかどうかをすぐに発見できます。これらの管理を**インベントリ管理**と呼んでいますので，この呼び名も合わせて覚えておけば，サイバーセキュリティの専門家と話をする際に役に立つこともあるかと思います（**図表4-4**）。

〈勘違いしがちなアプリケーションのセキュリティ〉

　1つ注意点を挙げておきます。「開発環境はしっかりとNIST対応しているんだから大丈夫でしょ」「環境を保守している情報システム部門やベンダーが対応してくれるでしょ」と考える人も多いのですが，これは大きな間違いです。アプリケーションが乗っている基盤は大丈夫でも，**アプリケーションそのものに脆弱性が発見されることがあります**。所詮コンピュータプログラムですので，

図表4-4　DXで特に留意すべきサイバーセキュリティ

① 自社の外にある開発環境のセキュリティ	✓ 自社と同じぐらい，もしくはそれ以上のセキュリティを担保できているか（NIST SP800シリーズレベルに準拠できているか） ✓ 外部コンサルタントや外部ベンダー任せはリスクが高い（セキュリティの専門家ではない可能性）
② 外部協力者のセキュリティ対策状況	✓ 開発等を委託している外部協力者の端末やその会社のポリシーが十分なものかどうかを確認する必要がある ✓ 環境に直接つなげているので，リスクの高さを理解しておく必要がある
③ 脆弱性対応	✓ リリース後に発見される脆弱性も多いため，リリース前に脆弱性検査を行うことはもちろん，リリース後に備えて利用しているライブラリやツール類のバージョンを把握しておく必要がある ✓ 上記インベントリ管理を徹底することが求められる

バグは含まれていて当然ですし，不正なアクセスをするようなコードが埋め込まれていないとも限りません。1階の窓は閉めていたけれど，2階の窓が開いていて侵入されたということは往々にして起こることですので，しっかりとアプリケーション1つひとつに対する脆弱性対応を行うよう，肝に銘じてください。

　DXに利用するデータは，自社にとって重要な情報がほとんどです。万一の漏洩に備えて，「その時点でできることはすべてやりました」と言える状態を保つことは，企業としての責務なのです（**図表4-5**）。

●検知段階におけるDXでの留意点

　では，③以降，つまり検知後のサイバーセキュリティ対応について留意すべき点に触れておきましょう。

　まず③の検知段階ですが，これは「何かが起こったことを知ることができるようになっているか」「何も起こっていないということを確認できているか」

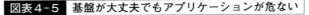

図表4-5　基盤が大丈夫でもアプリケーションが危ない

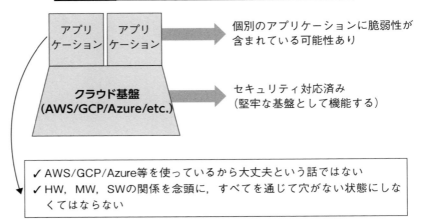

サイバーセキュリティを担保することは，企業としての責務であることを認識すべき

という問いに答えられる状況を作ることを意味します。何かを防ぐのではなく，あくまで**見つけられるかどうかに主眼**が置かれます。しばしば監視という言葉で表現されます。サイバーの場合，何かが起こったということをすぐに発見できないと，被害はその時点から急速に拡大することになります。そのため，常時何かが起こっていないかを監視するというわけです。ふだんから情報システム部門は，自社のシステムにエラーが起きて止まったりしていないか，アラートが挙がっていないか等を監視しています。同様にサイバーセキュリティの面でも，侵入者がいないかどうか，なりすまし等で被害が出ていないかどうかといったことを監視するということです。

　システムが止まるケースとは違って，目に見えたアラートが挙がってすぐに気づけるケースというのは，残念ながら多くありません。巧妙に侵入しようとしてくるクラッカーたちを見つけるためには，**監視の際にログの解析をする必要があります**。あらゆるシステムは，処理をした内容をログとしてファイル等に書き出しています。皆さんがお使いのPCでもログは常に残されています。Windowsをお使いの場合はWindowsツールにあるイベントビューアというア

プリケーションを使ってもらうとわかるのですが，何時何分に何が行われたかといった情報が無数に記録されています。ただ，素人が見てもよくわからない情報で，何とも判断がつきません。したがって，こういったログの情報を専門家が解析し，ふだんと違う動きをしていないかといったところを見つけ出すサービスをセキュリティ専門ベンダーが提供しています。こういったサービスを活用して検知段階の対応をすることになります。

　テストデータを使ったPoC段階ではそこまで気にする必要はありませんが，本番データを使った検証等を行う段階では，このような監視サービスを付ける必要があるのかどうかは判断しておかないといけません。扱う情報の重要性，作っているアプリケーションの複雑性，バックアップの有無といったことを総合的に判断して，本番リリースに臨む必要があります。

●対応段階におけるDXでの留意点

　次に④の対応という段階について見てみましょう。ここでは脅威があったことが検知されていますので，その脅威に対してどう対処するかという段階になります。実際に脅威が起こった有事の際には，ネットワークから遮断する，サーバーを停止するといった対応を行って，これ以上被害が拡大しないように具体的なアクションを起こす必要があります。また，被害を受けた範囲を特定して，それ以上の広がりがないかどうかの確認もしなくてはなりません。

　こういった一連の対応をインシデントが起こってからやろうとしても，そんなにうまくいくはずもありません。DX推進担当者は有事の際にどういう対応をするのか，あらかじめ対応のプロセスを定義しておかなければなりません。つまり，何かが起こったことを検知したら誰に連絡がいき，誰がその状況を調査し，誰が対応の具体的な方法を判断・指示するのか，といった有事での対応（**インシデントレスポンス**と呼びます）を定義しておくことが求められます。そして，インシデントが起こった時には，想定どおりに動けるようにテスト（**ドライラン**ということもあります）を行っておきましょう。いわゆるサイバー版避難訓練です。これを十分に行っていないと，インシデント時に被害を

広げてしまうことになりかねません。

　DXとは，アプリケーションを作ったら終わり，運用に入ったら知らんぷりというわけにはいかないものであり，**平時の時に有事のことを考えて対策を打っておくことが必要**だということを覚えておいてください。

●復旧段階におけるDXでの留意点

　最後に，⑤の復旧という段階についても触れておきましょう。文字どおり，もとの状態に戻すことを意味しているわけですが，実は④の対応と密接に関係しています。対応が終わってからでないと復旧のプロセスには入れませんし，対応が本当に終わっているのかどうかをこの段階でしっかりと確認しなくてはなりません。もし確認が不十分で，問題の除去が完全に終わっていなければ，さらなる被害の拡大を引き起こしかねません。

　そういう意味では，DX推進担当者は④の有事対応のプロセスを定義する中で，その後の復旧まで含めたプロセスをしっかりと定義しておく必要があります。本当にこの範囲特定のやり方でいいのか，何を確認したら復旧にGoをかけられるのかを，対応と復旧の両面から抜け・漏れがないよう定義しておくということです。この点はどうしても自力では難しい面がありますので，外部コンサルタントのアドバイスや構築支援を受けながら，アプリケーションリリースまでに準備を進めてください。

4　ゼロトラストってよく聞きますが何ですか？

　ここまで結構長々とサイバーセキュリティの全体像について話をしましたが，最近サイバーセキュリティに関連する話題を聞いたりベンダーと会話したりしていると，ゼロトラストという言葉が出てきたりしませんか？　新しいサイバーセキュリティの考え方ということで，昨今ではサイバーセキュリティの話題の中心にいるのですが，これまでとどう違うのでしょうか。

❶　新たなセキュリティのアプローチ「ゼロトラスト」

これまでは，外部との境界を意識してサイバーセキュリティを考えることが一般的でした。境界とは，自社のネットワーク内とネットワーク外という形で，主にインターネットの出入り口を境界としてどう守るか，あるいは切り離すかという考え方が主流でした。

それに対してゼロトラストは，内外という境界は存在しないものと考えて，すべての脅威は，アクセスできるどこからでも起こりうるのだという基本理念のもと，サイバーセキュリティ対策を考えるというものになります。境界が存在しないということは，たとえ社内のネットワーク内であっても信用するなということですので，ゼロトラスト＝信頼がゼロ＝誰も信用しない，ということになります。

これは，昨今のサイバーインシデントが，外部からの攻撃もさることながら，内部からのインシデント発生のほうが多いという現実からも妥当な考え方といえます。退職者によるデータの持ち出し，シャドーIT（情報システム部門が把握できていないソフトウェア等）の氾濫によるデータ漏洩，適切でない権限設定の放置による不正アクセス等，外部からの攻撃ではない事例が後を絶たないためです（図表4-6）。

❷　環境の穴を網羅的に把握・検討

このゼロトラストという概念は，今後，**サイバーセキュリティ対策を考えるうえでの基本的な理念となる**と考えられ，特にクラウドの活用やさまざまなコラボレーションビジネスの拡大といった時代の流れとも一致するものです。

しかし，ゼロトラストセキュリティはこうやって構築しますといった手順なりアプローチが存在するわけではありません。ゼロトラストという概念をもとに，穴がないサイバーセキュリティ対策をどう構築するべきか，自社の環境あるいはDXで構築した環境の中で穴になりうるところはどこか，といったことを，情報システム部門を交えて検討することが重要です。

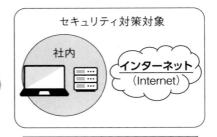

図表4-6 ゼロトラストの考え方（イメージ）

<旧来のサイバーセキュリティ>　　　　　　　　　　<ゼロトラスト>

> 社内と外を切り離す（境界を中心に守るという発想）
> 社内（境界の内側）は安全に守られている

> 境界は存在しない（どこも安全な場所はない）
> 社内だろうとすべて危険が生じる（誰も信頼しない＝ゼロトラスト）

　その際，DX推進担当者として責任を持って情報システム部門に明確に伝えなくてはならないのは，どういったツールやクラウドサービス等を使っているのか，ユーザーを含めた数々の登場人物はどういった方法でアクセスするのか，どういったジャーニーを想定しているのか，といった点です。例外はないか等ここで説明を漏らしてしまうと，その部分が穴になってしまうため，網羅的な説明をしっかりできるよう準備しておく必要があります。あとは，情報システム部門と協議して決定したサイバーセキュリティ施策を，責任を持って実行に移すという役割を全うすることになります。

5 DXとサイバーセキュリティの関係がイマイチわかりません

　サイバーセキュリティのことを理解し，DX推進担当者としても検知後のサイバーセキュリティ対策を何かしないといけないということは何となく理解するものの，「とりあえずクラウドサービスやソフトウェアのベンダーもしっか

りやっているだろうから，そこまで心配しないでいいのではないか」と，イマイチ腹落ちしていない人もいるかもしれません。もう一度DXの本質に触れながら，なぜサイバーセキュリティを重視しなければならないか，整理しましょう。

❶　データの重要性／インシデントのインパクトを理解する

●安全な状態であることを誰が保証するのか

　デジタル＝データであり，データがDXの肝になるということでしたね。あらゆることがデータで表されることになり，そのデータを活用してさまざまな企業活動を実現することで競争優位を追求することこそDXということでした。

　あらゆることがデータで表されるということは，どこにでもネットワーク経由で送ることができるということですし，簡単にコピーを複数作ることもできるということです。しかも，紙の資料とは違って劣化することがないので，完全な情報がコピーできます。これはどんな機密情報であれ同じです。もちろんコピー制限をしたり，アクセス権の制御を行ったりすることでリスクを減らすことはできますが，きっちりとそういう対応を考えて実行していれば，の話です。

　こっそりと誰かが入ってきてデータをコピーしたり，外部に送信したりしていないことを保証できるでしょうか。それを保証するのは，DXであればその担当者であり責任者であるということになります。他の人が代わりにその責任を果たし，サイバーセキュリティを担保してくれますか？　情報システム部門が全部保証してくれると思っていないでしょうか？

　先述のように，情報システム部門がすべてを把握することは事実上不可能です。把握できるように周りがしっかりと管理・情報共有を情報システム部門と行わなければ無理なのです。シャドーITのような取組みになっていればなおさらです。それがしっかりとできていれば，そこまで心配する必要はありませんが，少なくとも**DX推進担当者はサイバーセキュリティに一定の責任を負わなければなりません**。日々の運用を含めて他の人が代行するような考えでは，

企業全体が深刻なリスクに晒されてしまうのです。

●法的責任，レピュテーション低下，倒産…

　ひとたび情報漏洩等のインシデントが起こったり，サイバー攻撃によるサービス停止が起こったりすると，想像以上の負のインパクトを企業に与えることになります。個人情報に関わる情報が漏洩すると，個人情報保護法に対する責任を企業として取らなくてはならない可能性があります。EUに関連する情報であればGDPRに対する違反となるかもしれません。こうした法的責任を問われる事態は，企業としてのレピュテーション（信用や評判）の低下を招きます。

　デジタルの時代になり，デジタルの力で改革を進めようとしている企業が，デジタルでインシデントを起こしたとなると，今後，当該領域でビジネスを続けることは相当困難になります。日本企業のDXやIT担当役員，管理職の方と話をしていると，このあたりの感覚がまだ実感として湧いていないと感じることは多いです。どこかの会社が情報漏洩問題で世間を賑わせても，多くの日本企業は対岸の火事のような気持ちで，表面的な対応をしている印象が拭えません。SNSが発達し，ネガティブな情報が瞬時に広がっていく世界にあって，信用を失うことは，企業活動全体にマイナスのインパクトを与えます。

　昨今は，日本でも不正やハラスメントを起こしたことが理由で，企業が私的整理等のいわゆる倒産の状況に陥るケースが出てきていますが，まだまだ少ないため，明日は我が身という意識は少ないでしょう。しかし，DXでサイバーセキュリティ対策を怠ったことが原因で，企業活動すべてに対して影響を与える可能性は，自分事として考えなければならない状況にあるということを認識しましょう。他人事と考えている企業ほど，脆弱性を放置している可能性が高い（十分なサイバーセキュリティ対策が講じられていない）ことは，ここまで読み進めてこられた読者の方ならお気づきでしょう。

❷　DXを推進する立場としての責任を考える

　その点を理解したうえで，DX推進担当者は以下のことを再認識してもらい

たいと思います。

　まずは，脆弱性の対策をきっちりやったかどうかです。脆弱性検査をやって問題箇所に対する対応は十分に行っているか，確認が必要です。DX推進中に開発したプログラムのすべてについて，推進プロジェクトの責任でサイバーセキュリティを担保しなければなりません。**他の誰かがサイバーセキュリティを担保してくれることはないことを肝に銘じてください。**

　もう1つ，クラウドサービスを利用することが多いと思いますが，そのクラウド上のデータは，サービスを提供しているベンダーに情報漏洩等の対策をする責任があるのではなく，自分にあるということを理解してください。**使う側の責任であるということは，契約の条項にも書いてある**はずです。

　その確認を含め，DXを進めていくうえでサイバーセキュリティの対応をしなければ，DXの根幹としてのデータそのものが外部に流出する事態を招いてしまうこと，それはDXを推進している者の責任であることを再認識してもらいたいと思います。

6　ハッカーに勝てる気がしません

　サイバーセキュリティにしっかりと対応しないといけないことはわかったものの，「そもそも，そんな凄いハッカー（クラッカー）に対抗できるとは思えない」という声が聞こえてきそうです。やっても無駄じゃないかという声ですね。

　確かに，見方によってはそういう面も否めません。しかし，クラッカーも窃盗犯と同じで，入りにくいところにわざわざ危険を犯して入ってこようとはしないものです。特定情報をターゲットにしている場合はこの限りではありませんが，通常，脆弱性があるサーバーを見つけ出して攻撃をしかけてくることがほとんどです。侵入に時間がかかればそれだけ自分の存在に気づかれやすくなりますし，場合によっては自分が特定されて，逮捕されるリスクも背負うわけです。玄関のドアに2つ鍵をつけるように，**なるべく入られないよう，できる**

限りの対策をするということは意味のあることなのです。必ずやらないといけ
ません。

　また，それでも侵入されたとしても，しっかりと検知後の対策をしておけば
被害を最小限に抑えられます。

　とにかく被害を出さないこと。出たとしても最小限に抑えること。これらの
ためにできることをやるというのがサイバーセキュリティの対策です。ハッ
カー（クラッカー）に負けることを視野に入れて対策を講じるということが大
事なのです。

7 CSIRTって何ですか？

❶ CSIRTとは

●インシデント検知後の対応を担う組織
　侵入されることも想定して対応を検討していると，CSIRTという言葉がよ
く出てきます。この言葉について少し触れておきましょう。

　まず，CSIRTという文字を資料で目にすることがあっても読み方がわから
ないという人もいるかもしれません。これは「シーサート」と読み，
Computer Security Incident Response Teamの略になっています。その英語
表記が表しているとおり，サイバーセキュリティ（物理的なセキュリティを含
むケースもありますが）に関するインシデントが起こったという検知結果を受
け取り，その後に発生する調査・分析・対処方法の決定・対応改善といった活
動を行う組織体のことを指しています。つまり，NISTのところで述べた④
「対応」という段階で主に活躍する部隊になります。

●CSIRTのメンバー像
　NISTの③「検知」の段階以降のプロセスを検討したり，実際に構築したり
する際に必ず設置される組織体ですので，NIST SP800-171への対応に際して，

自社内に体制を整備しなければなりません。

　CSIRTのリーダーやメンバーに求められるスキル，人数，役割は，提供しているサービスやその責任範囲によってさまざまです。したがって，CSIRTはこういう人を集めなければならないという定義は難しいのですが，少なくとも，**サイバーインシデントが起こった場合にシステムの対象を特定でき，そのうえで復旧に向けた対応を考えることができる人材**がいないと機能しません。

　そういう意味から，情報システム部門で全体を統括しているチーム，サイバーセキュリティを担当するチーム，DXに関連するアプリケーションの場合はそのプロジェクトの技術系担当，といった人材が招集されることが多くなります。

❷　有事だけではないCSIRTの役割

●平時の準備にこそ意義がある

　有事にはシステムを止めるといった経営にインパクトを与えるセキュリティ対応も多いと考えられるため，その方法を意思決定するのは，情報管理やサイバーセキュリティの責任者（CXOクラス）であるべきです。その責任者のもとで指示に従って調査や対応方法を考えることがCSIRTのメインタスクと理解しておけば問題ないでしょう。

　ここまでで，CSIRTはインシデントが起こった時に機能する組織だから，何も起こらなければ必要がないのではと思うかもしれません。しかし，有事にだけ集まって，1分1秒が惜しい状況の中で効率的に機能するというのは至難の業です。有事に備えて本番相当のテスト（ドライラン）をしておかなくてはなりませんし，そのような活動を通じてマニュアルを作ったり，もしもの時のための連絡体制整備を進めたりする必要もあるでしょう。つまり，CSIRTは有事の時にだけ集まる組織体ではなく，**平時にこそ有事に備えて準備をすることを生業としている組織体**だということを理解しておく必要があります（**図表4-7**）。

図表4−7　CSIRTの全体像

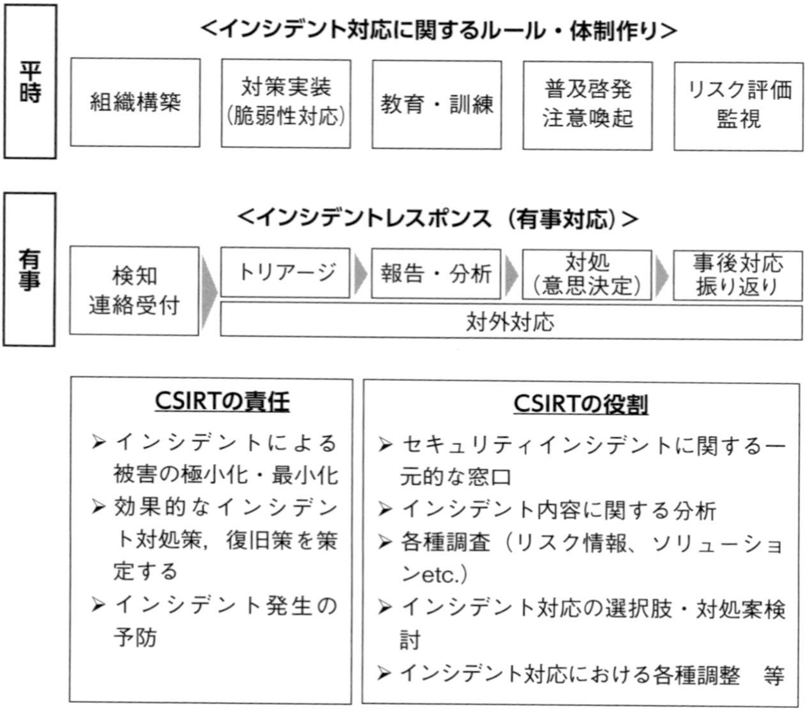

＜インシデント対応に関するルール・体制作り＞

| 平時 | 組織構築 | 対策実装（脆弱性対応） | 教育・訓練 | 普及啓発注意喚起 | リスク評価監視 |

＜インシデントレスポンス（有事対応）＞

| 有事 | 検知連絡受付 | トリアージ | 報告・分析 | 対処（意思決定） | 事後対応振り返り |

対外対応

CSIRTの責任

➤ インシデントによる被害の極小化・最小化
➤ 効果的なインシデント対処策，復旧策を策定する
➤ インシデント発生の予防

CSIRTの役割

➤ セキュリティインシデントに関する一元的な窓口
➤ インシデント内容に関する分析
➤ 各種調査（リスク情報、ソリューションetc.）
➤ インシデント対応の選択肢・対処案検討
➤ インシデント対応における各種調整　等

●経営層のコミットメント

　CSIRTが平時にどれだけの準備ができるかは，もしもの時の備えとして非常に重要です。ただ，その準備をできる環境を提供できるかどうかには，DXをはじめとするデジタルやITに関する取組みが，いかにサイバーセキュリティと密接に関わっているか，いかに重要かを理解し，適切な人材配置を実現できる経営層のコミットメントが重要です。DXの企画に経営層が重要な役割を果たすことは前述のとおりですが，サイバーセキュリティの重要性に対してしっかりと理解し，サイバーセキュリティの担保にコミットするということも合わせて重要な役割となります。

　NIST SP800-171への対応，CSIRT設置等については，一度腰を据えて経営層に理解してもらう機会を設けるとともに，必要に応じて外部コンサルタントの力を借りながら，データやサイバーセキュリティがわかる経営層を育てるつもりでDXを推進してください。

8 サイバーセキュリティは難しいのでやりたくありません

❶　避けて通ることは許されない

　DX推進担当者の出身母体によるところが大きいのですが，頭でサイバーセキュリティの重要性は理解していても，外部に丸投げするといった行動に出て，とにかく避けて通ろうとする人に時々出会います。その気持ちはわからなくもないのですが，自ら推進担当者としてやる以上は，ここまで話をしてきたとおり，サイバーセキュリティを理解して適切な対策を自ら行うことが最重要事項の１つです。結局，後からサイバーインシデントが起こった時に，企画段階あるいは導入段階でいい加減な対応をしていることが明るみに出て，困難な状況に晒されるのは自分なのです。ここは諦めて，自ら中に入ってサイバーセキュリティ対策に取り組んでください。

　多くの日本企業で，パソコンが苦手だといって，いつまで経ってもITリテラシーが向上しない困った経営層，管理職の方に遭遇しますが，サイバーセキュリティを避けて通っている人も同じ穴の狢です。腰を据えてやろうとしていないだけです。実際の中身は，最初はとっつきにくいかもしれませんが，理解にそこまで時間がかかる代物ではありません。機械が苦手，パソコンが苦手と言っておきながら，ゴルフの飛距離を測るツールの使い方はすぐに覚えるものでしょう。**やればできるものをやらないで避けているだけ**なので，諦めて取り組んでください。後で「こんなはずじゃなかった」といって会社に迷惑をかけることのないようにしましょう。

9 データセキュリティって何ですか？

　サイバーセキュリティについていろいろと話をしてきました。最後にややこしい話を整理することにしましょう。

　データセキュリティという言葉を耳にすることがあるかと思います。サイバーセキュリティの議論をしている中でデータの話は出てきますが，それとは別物なのでしょうか。中国はサイバーセキュリティ法とデータセキュリティ法が別々にあるので，別物と解釈したほうがいいのでしょうか。

❶　データが侵害されないようにすること

　データセキュリティとは，データが侵害されない（つまり，破壊されたり，改竄されたり，盗まれたりしない）ように防御策を施すことをいいます。そういう意味では，データに特化したセキュリティ施策のことを指すことが多いです。しかし，明確な規定があるわけではなく，通常そういう意味で使われることが多いという域を出ていません。

　データセキュリティは，Chief Data Officer（CDO）の管轄であり，サイバーセキュリティはChief Information Security Officer（CISO）の管轄だという人もいて，「まぁ名前からするとそうだよな」という印象は持ちます（どちらも設置していない日本企業は多いので，その場合はどうなるのやらという疑問はありますが）。

❷　データセキュリティとサイバーセキュリティは一心同体

　しかしながら，筆者はデータセキュリティとサイバーセキュリティを分けて考えること自体，意味がない（ナンセンスである）との考えを持っています。

　データセキュリティはデータの防御をメインタスクとしていますが，防御しようとすると当然，データへアクセスする者をすべて監視することになります。ひとたび侵害があると，ネットワークからの侵入やデータベースを直接操作し

ようとする端末を特定して遮断することになるわけです。これは完全にサイバーセキュリティとかぶっている領域です。また，データが漏洩したことがわかった後は，その影響範囲や被害状況を確認するために，ログの解析が必要になります。当然，復旧に向けた対応を進める必要もあります。このあたりもサイバーセキュリティとまったく同じフレームワークであり，対応や復旧といった段階をどうしていくかは，CSIRTも含めて同じ枠組みの中で進んでいくべき内容です。

　つまり，ここまではデータセキュリティでここからはサイバーセキュリティだというような議論には意味がなく，それらは**シームレスに統合されていて一緒に対策を考えないと意味をなさない**ということになります。

　デジタルの時代になってデータの重要性が高まり，その影響からサイバーセキュリティの重要性も高まっているという状況に鑑みると，これからの時代はデータを経営に活用することと，データセキュリティを含めたサイバーセキュリティへの対応を車の両輪という扱いで進めていくことが不可欠だということがわかるかと思います。データとサイバーセキュリティの関係を常に考えながらDXに取り組むことを忘れないようにしてください。

＊

　本章では，DXの肝であるデータの重要性が増していく中で，そのデータを外敵から守るためのサイバーセキュリティの概要とその重要性について触れました。

　情報システム部門にいる人やITベンダーで開発をしている人であっても，サイバーセキュリティのところは敷居が高いと感じている人は少なくありません。「あそこは専門家に任せるところだから」と，サイバーセキュリティに少しでも関係しそうな事項をサイバーセキュリティ部門に丸投げするという光景は日頃よく見かけます。しかし，デジタルの時代に突入したいま，データを正しく使うためには，適切にデータを守らなければなりません。**データが信用できなくなると何もできなくなるのがDX**です。そのためには，侵害されないためのサイバーセキュリティ対策，侵入されたとしても被害を最小限に抑えるた

めのサイバーセキュリティ対策の整備が必須事項なのです。ログの解析といった詳細な事項については，サイバーセキュリティの専門家やエンジニアの人に任せればいいのです。

　何を守り，何を担保するのか。そのために自分たちはどういう役割を担わなくてはならないのか。そこをまず理解する必要があります。理解するためには，最低限のサイバーセキュリティに関する知見を持つことと，そのグローバルスタンダードの中身は知っておかなくては話になりません。その観点で，まだ十分にサイバーセキュリティの理解ができていないDX推進担当者がいるなら，ぜひこの機会に中身に真剣に向き合ってもらえればと思います。

　また，重要性を理解していない経営者や管理職がいるならば，その経営者／管理職に理解させるのもDX推進担当者の仕事です。彼らの後押しがなければCSIRTをはじめとする体制構築もままなりません。そのことを意識しつつ，次章ではどういうDXの進め方がよいのか，具体的なアプローチについて整理しましょう。

第 5 章

DXの正しいやり方を
教えてください

　前章までで，DX，データ，セキュリティといった観点で，意味のある取組みを進める，あるいはしっかりとした結果を残すために，押さえておかなければならない知識や留意点について整理してきました。本章以降では，DX推進担当者あるいは経営層・管理職の方々が，DXを成功させるために具体的にどんなことをやらないといけないのか，アプローチや手順についてまとめていこうと思います。前章までの内容が前提となっていますので，繰り返しになる部分もありますが，それだけ重要な部分だということで読み進めてもらえればと思います。

　本章では，DXの推進方法とそれぞれのフェーズで留意しなければならない事項についてまとめていきます。どの企業でも同じやり方で成功するという，そんな都合のいい話は存在しないのですが，ここ数年来の日本企業のDXに対する取組みを見てきた中で，そのまま参考にすべきものや反面教師にすべきものを考慮して，１つのシナリオにしたものだと理解してください。自社にとっては「このあたりが合わないな」「ちょっと難しいな」と感じた部分は，全体が大きく変わらない程度にカスタマイズしていくというスタンスがよいかと思います。

　DX推進担当者の方は，いままさに取り組んでいる内容とアプローチが同じなのか違うのか，どのあたりが違うのかを見極めてもらい，そのうえで足りない部分等があれば参考にしてもらえればと思います。

1　DXが成功するための条件は何ですか？

　最初にDXが成功するための条件について触れておきましょう。成功要因はさまざまなのですが，どうしても外せないポイント，ここでは３つのポイントに絞って取り上げることにします（**図表５-１**）。

図表5-1 DXが成功するための条件

① 目的とゴールを明確に	✓ どんな競争優位を追求するのかが明確 ✓ どんな結果を期待しているかが明確 ✓ 上記内容に対して，経営層が議論に入って内容が導かれており，経営層のコミットメントがある
② 適切な人材をアサイン	✓ PoCで技術的な検証ができるよう，社内外の適切な人材を確保する ✓ プロジェクトマネジメントの失敗によってPoCが頓挫しないよう，適切な人材を確保する（特にアジャイルの場合，要注意）
③ 運用開始後の姿を描く	✓ 本稼働を迎える前に運用後の姿をしっかりと定義しておく ✓ 運用開始後にもとの姿に戻ることは困難であることを意識し，十分なテスト，脆弱性対応等を推進する必要がある

❶ 目的とゴールを明確に

●本当に成功しているのか？

　どの企業も，どのDX推進担当者も，DXという取組みを成功させるべく日々奔走していると思いますが，なかなかうまくいかない状況に陥っている現実があります。また，客観的に見るとそんなに成功していないのに成功したと騒いでいる人がいて，何となく否定するのも憚られるから言うがままにさせておくというケースも，日本企業によく見られる光景です。

　このようなケースが横行するのは，DXの目的やゴールが明確になっていない，もしくは，目的やゴールはあったものの，途中でうやむやになったり，なかったことになったりしたためです。**誰も客観的に成功しているかどうかを判断できなくなった**という状況にあるということですね。

　この状況に陥っている日本企業は非常に多いという感覚を筆者は持っています。もともと，成功するかどうかわからないけれどチャレンジをして試行錯誤を繰り返すのが重要だ，とDXに取り組み始めたはずだったわけです。それなのに，結構な数が**成功扱い**になっていて，その取組みがいまも継続していると

いうこの状態は，何か変だとは思いませんか？　そんなに成功しているなら
DXで大騒ぎすることなく，好業績に沸く日本企業が世界を席巻しているはず
です。そうでない現実を見る限り，「うまくいっていないけれど，うまくいっ
ているふりをしている」「とりあえず継続して様子を見ている」という取組み
が多いということではないでしょうか。途中で止めるという英断をできない企
業文化がそうさせている面はあるかと思いますが，そういった経営判断をでき
ない経営層の責任という面も見え隠れします。

●結果が伴わなければ中断の意思決定も

　このようにDXを成功させるための条件の1つ目としては，**目的とゴールが
はっきりとしており，経営層がコミットしていること**が挙げられます。

　第2章で，DXはデジタル技術を活用して企業の競争優位を追求することだ
ということ，そしてそのためには，企業が実現すべき戦略が最初にあり，その
実現のためにデジタル技術を活用できるかどうかが問われている，という点に
触れました。企画段階でのつまずきは，この戦略やゴールがはっきりしていな
いことに起因しているということでしたよね。その部分がはっきりしているか
どうかは，最後まで尾を引くことになります。

　何はともあれ，企画段階における目的とゴールの設定，その内容に対して取
組みを完遂するのだという経営層の覚悟が必須条件です。経営層のコミットメ
ントがないと十分なリソースがあてがわれない，目的やゴールが途中で変わっ
てしまう，スケジュールが延びても終わるまでダラダラ続けてしまう，といっ
た事象が起きてしまいます。結果が伴わない時には，自らの責任でその取組み
を中断する意思決定をしてもらう必要がありますから，経営層のコミットメン
トをどう取りつけるかは，外部コンサルタントの力を借りることも含め，戦略
的に進める必要があります。

❷　適切な人材をアサインする

　では，次の条件について見てみましょう。企画がしっかりと策定され実行に

移すとなると，PoCのフェーズで，デジタル技術を本当にイメージどおりに活用できるのか，求めていた効果は得られそうかという点を検証することになります。このフェーズで頓挫することも比較的多く，本番リリースに向かう次のフェーズに進めないケースが結構あります。

　しっかりとPoCをやった結果として，期待していたDXの効果を得られそうにないという結論になったのであれば，それこそ**PoCフェーズをやった甲斐があったということで，自信を持ってプロジェクトを終了**しましょう。

　問題となるのは，しっかりと検証したといえない状況の中で，よくわからないからやめてしまおうという結論になるケースです。そうなってしまう原因として挙げられるのが，技術的な検証ができていないこと，もしくは，プロジェクトマネジメントの失敗です。

●技術的な検証ができていないという問題

　技術的な検証ができていないケースは，企画段階で採用することを決めたツールや開発内容を形にすることができない，ということです。結局は，利用する技術に対する知見がないことから引き起こされるのですが，できると思っていたツールを使い始めると使い方がわからなくて頓挫する，思ったようなデータが取れなかった場合にどう対処すればいいのか調べるのに多大な時間を浪費する，といったケースが代表的なものになります。ベンダーの言うことを信じて任せたものの，ベンダーが白旗を揚げることもあります。

　これらの事象は，企画段階でデモを見るであるとか，他社事例を確認するといった**リサーチが不足**していることに起因します。少なくとも信用できる技術支援パートナーを選定しておくことが成功への鍵となります。

●プロジェクトマネジメントの失敗

　もう1つのケースであるプロジェクトマネジメントの失敗は，特にアジャイルを用いて推進している場合によく見られます。デジタルの文脈からアジャイルの手法を用いることは多いのですが，そのマネジメントがうまくできておら

ず，PoCをするものの，成功か失敗かの結論を出せない，次の段階でどこまで進めればいいのかわからない，技術的な問題に直面した時に予定の組換えが適切に行えない，といった事象が頻発します。

これらはひとえに**プロジェクトマネージャーの力量**によるものです。アジャイルを理解していないプロジェクトマネージャーが進められるはずもないのですから，必要に応じてアジャイルに精通した外部コンサルタントを補佐につけるといった施策を検討しておく必要があります。技術支援パートナーとともにプロジェクトマネジメント支援のパートナーも同時に準備しておくということが必要になるということです。

しかし，日本では，そもそもデジタルへの対応が遅れたこともあり，デジタル技術やアジャイルに長けた人がマーケットに少ないという課題もあります。その**少ないリソースをいかに調達するか**は重要な要素となります。

DX成功に向けた2つ目の条件をまとめましょう。それは，**技術支援およびプロジェクトマネジメント支援を担うパートナーを確保すること**，です。もし，自社にそういった人材がいるというのであれば，その人材をしっかりと専属でアサインすることが必要です。外部にお願いする場合は，先方の言うことを鵜呑みにせず，面談を行う等納得のいくところまで見極めの作業を行うようにしてください。

❸　運用開始後の姿を描く

最後の条件に移りましょう。いよいよPoCも終わり，本番稼働に向けて本格的な開発をしていき，その本番が近くなってきたころ，もしくは本番稼働後しばらくして問題が発覚し頓挫するケースがあります。これらは運用開始後の姿をしっかり描いていなかったことに起因して起こるものであり，教育の不足やヘルプデスクを含む保守運用体制が不十分で，稼働後の混乱を抑えきれないケースです。

本番稼働前に気づけばそこまで傷口は広がらないのですが，本番稼働後に問

題が発覚した場合には収束させることが難しくなります。一度運用に入った業務を，システムを含めて元に戻すことは困難を極めるからです。DXの取組みは，スピードを重視する側面からあまり大がかりなものにならない傾向があり，大型のシステム導入時と違って，どうしても稼働後に必要な準備という面をおろそかにしがちです。また，DXで少しでも結果を得たいという焦りも手伝って，無理をしたリリースを進めてしまう傾向にあります。DX推進担当者がシステム導入経験のない人だと，そのあたりの勘所がないので，リスクはさらに高まることになります。

　つまり，DX成功の3つ目の条件としては，**PoC後に必ず本番稼働後の運用設計がなされていて，人の調達を含めた準備が整う目処を立てる**ということです。準備にはテスト，教育，データ移行といった中身に関わるものから，運用保守体制のような稼働後も日々生じる業務に関する準備まで含まれます。

　これら3つの条件をクリアすることが，DXの成功にこぎ着ける最低限のタスクということになります。もちろん細かな条件は他にも多くありますが，修復不能な失敗に陥ってしまうケースはこれら3つの条件のどれか，あるいは複数が欠けている状況にある時です。そして，後から修正がきかない条件でもありますので，手遅れになる前に条件をクリアできるよう，プロジェクト推進時にスケジュールに組み込むといった対応をしておく必要があります。

2　アジャイルでやればいいんですよね？

　以前に比べて格段に市民権を得てきた言葉である**アジャイル**ですが，その手法を正しく理解して実践している人は決して多くないという状況です。ここでアジャイルについて正しい理解をしつつ，アジャイルを用いる際に留意すべき点を確認しておきましょう。

　実際のアジャイル手法を用いたプロジェクトを見たり，クライアントからの相談でこれまでのやり方を聞いたりしていると，DXではアジャイル手法を用

いてやることが基本であり，特にクラウドを活用する以上，アジャイルでやらないとクラウドネイティブの開発はできない，という認識を持っている人が多いようです。また，開発者の中には，アジャイルでは成果物を作らなくてよく，まずモックを作ってそれを発展させていくのだから，モノ（アプリケーション）があればそれでいいと思っている人もいるようです。

❶ アジャイルの基本

●スピード重視，不確実性への対応

いったん理解をするために，アジャイルの基本的な考え方や流れを見てみましょう。詳細な進め方については，専門書も出ていますのでそちらに委ねるとして，ここではDX推進担当者として理解しておかなければ判断ができないというレベルに絞って取り上げます。

まず簡単に，アジャイルという手法を見てみましょう。「アジャイル」という言葉は，素早い，俊敏な，というような，時間が短いという意味合いが強い言葉です。その言葉の語源から，アジャイル開発の手法は，**小さな単位で開発をしてスピードを重視している**点に特徴があります。

いわゆるウォーターフォール型の開発は，すべての機能をまず設計し，その後プログラム開発に入り，テストしてリリースという流れになります。この手法だと，期間や工数を正確に見積もることが難しく，これらが想定以上にかかってしまうことがしばしばあります。また，ビジネス環境の変化が著しくなり，そのスピードが速まってきたこともあって，長い年月をかけたシステム開発はビジネスの不確実性に対応できないという問題も顕在化しています。

こういった不確実性への対応という側面から，アジャイル開発が特にデジタルの文脈で活用されることが多くなりました（**図表5-2**）。

●3つのフェーズ

アジャイルの手法では，一般的に大きく3つのフェーズに分けてプロジェクトが進められます。その呼び名も人によってまちまちなのですが，ここでは最

図表5-2　アジャイルとウォーターフォールの基本的な違い

＜ウォーターフォール型＞

企画・構想　要件定義　概要設計　詳細設計　開発　テスト　リリース

- ➤ きっちりとドキュメントをもとに確認をし，要件に従って開発が進められる
- ➤ 開発規模は構想段階と設計完了段階とで大きく乖離する可能性がある
- ➤ 設計変更等への対応に柔軟性を確保しづらい

＜アジャイル型＞

- ➤ 小さな単位で開発からリリースまでを進めることで開発期間を短縮
- ➤ 環境変化に臨機応変に対応することが可能
- ➤ ウォーターフォールに比べて難易度が非常に高い（特にDiscovery）

初のフェーズを**ディスカバリー**（Discovery）フェーズ，2番目のフェーズを**スプリント**（Sprint）フェーズ，最後のフェーズを**スケール**（Scale）フェーズと呼びます。

　ディスカバリーフェーズでは，どの範囲でどういう構成でプログラムを開発するのか，いわば開発に入る前の設計を行います。アジャイルでは小さな単位に分割して短サイクルで開発を進めていきますが，その単位をどれぐらい小さくするのか，どの順番で構成するのかといったことを決めるのがこのフェーズの位置づけです。そして，スプリントフェーズでは，小さな単位で開発を繰り返すことで品質担保や機能充足を行います。スケールフェーズでは，いよいよ本格リリースに向けて必要となる開発や全体のテストを執り行うといった大きな流れとなります。

●スクラム，カンバンはアジャイルの１手法

アジャイル開発では，必ずといっていいほど**スクラム**という言葉が出てきます。スクラムマスターという言葉のほうが耳慣れているかもしれません。このスクラムとアジャイルを同一視している向きもあるようですが，実は同じものではありません。アジャイルの手法は複数存在していて，その中で最もポピュラーなものがスクラムというフレームワークを使ったものなのです。

スクラムとは違うアジャイル手法として**カンバン**が挙げられますが，スクラムもカンバンも，小さくスピードを重視した開発を基本としたアジャイル手法です。スクラムフレームワークの中で，リードの中心にいるのがスクラムマスターであり，スクラムマスターがスクラム開発チームを率いて開発を進めるという流れが，私たちが日常でよく使っているアジャイル開発という手法だと理解しておいて差し支えないでしょう。

❷　アジャイルにおける３つの注意点

アジャイルの概要を確認したところで，DXはアジャイルでやることが前提となっているのかどうかを考えてみましょう。

DXはデジタル技術を使います。デジタル技術やそれを使ったサービスは日々進化をしています。そして，競争優位の確立は企業にとって１日でも早いほうがいいわけです。これらの事実を踏まえ，アジャイルという手法は，不確実性の高い現在のビジネス環境で変化に対応していくという観点から非常に有用な手法であることは明らかです。しかし，以下の点で注意が必要であることを認識しておかなくてはなりません。

- ✓ アジャイルはマネジメントが相当難しい
- ✓ ディスカバリーフェーズの内容でほぼ決まる
- ✓ 正しく理解して進めないと修正が効かなくなる

●アジャイルはマネジメントが相当難しい

１点目のマネジメントに関してですが，これまでのウォーターフォール型の

プロジェクトの進め方と大きく異なるため，マネジメントする側もメンバーとして参画する側も，その違いに混乱を来すことが少なくありません。単にウォーターフォールを細切れにしてやっている状態になったり，適切に開発範囲をスプリントに割り振れず，スケジュール管理がいい加減になったりすることが多くなります。

　問題は，正しいやり方をプロジェクトに関わる誰もわかっていないため，それが合っていると思い込んで**駄目なまま突き進むというケースが後を絶たない**ことです。アジャイルの場合，プロジェクト期間は短く，かつスプリントが1週間という単位で組まれることが多いため，1週間ごとに何らかのプログラム開発が終了することになります。そうして最後に数々のスプリントを経たプログラムが統合されてリリースされることになるわけですが，リリースにこぎ着けるまでの間，すべてが短い期間と小さな単位でマネジメントされていて，それでいて全体の俯瞰を怠ってはならないというマネジメントが実践されていないと，ゴールにたどり着けません。

　ゆっくりとはいいませんが，一定のスピードで意思決定をしていったこれまでのウォーターフォール型のプロジェクトに対して，アジャイルで進めるプロジェクトは週単位もしくはそれよりも短い単位で意思決定をしなくてはなりません。特にスプリントでは，出てきた課題に応じてその後の予定を柔軟に組み替え，スケジュールを引き直すということが日単位で起こることになります。それだけ，**プロジェクトマネージャーに求められる能力というものは高くなります**（図表5-3）。

●ディスカバリーフェーズの内容でほぼ決まる

　そして2点目は，1点目からつながる部分でもあるのですが，ディスカバリーで行う小さな単位への分解，開発順序等の計画が，スプリント以降のできを左右する重要なポイントであるということです。

　適切な小ささに実現したい機能を分割し，適切なスケジューリングと日々の見直しでゴールまで早期に持っていくというのが理想形です。そのためには，

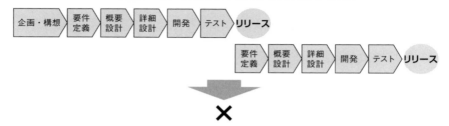

図表5-3　アジャイルはマネジメントが難しい

➤ウォーターフォールを細切れにしたものではない（考え方が違う）
➤小さな単位にどう分解するかを判断
➤全体を俯瞰して整合性を保つ
➤開発の状況や課題の状況を踏まえて，スケジュールを柔軟に変更する
➤日単位の管理が必須
　　　　　　　etc.

実現したい機能とDXの目的との関係，ゴールまでの道筋，リスクの許容，といった全体感を理解したうえで，実現可能なタスクに分割できなければ，機能不足や検証不足，スケジュールの大幅遅延といった事象を引き起こすことになってしまうのです。

　企画や構想の重要性はDXの章でも触れましたが，アジャイルでのDX推進という面でも，最初の計画策定（範囲の特定や実現可能なスケジューリング等）がほぼすべてを決めてしまいます。短く速いサイクルでプロジェクトが進みますので，途中で大幅な変更はできませんし，軌道修正の余地は非常に狭いです。これがアジャイルの最も難しいところなのです（**図表5-4**）。

●正しく理解して進めないと修正が効かなくなる

　3点目は，2点目を含めて正しくアジャイルの特性やルールを認識していないと，後々の修正が効かなくなる点です。軌道修正の余地が少ない点は2点目で触れていますが，それとは別の側面でも，正しく理解しなくてはならないことがあります。

　最も出現頻度が高い間違いは，ドキュメントを作らないというものです。

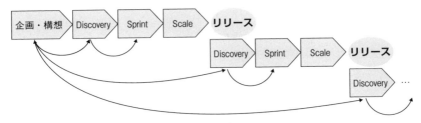

図表5-4　ディスカバリーフェーズの難しさ

➤どれぐらい小さな単位に分割するべきか
➤企画・構想の内容と全体が整合しているのか
➤直近およびそれ以前のリリース内容に影響を与えることはないか
➤Sprintの規模やサイクルは適切か
➤Sprint以降のスケジュールは状況に鑑みて適切に変更されたか
　　　　　　etc.

　PoCで最初に**モック**（簡単な初期バージョン）を作って，それを進化させながら要件を固めていく，という印象を持っている人は多くいます。ウォーターフォールのように設計書を作成してレビューしてから，その内容に従って開発するのとは決定的に違う点として，モノ（アプリケーション）から作る点がアジャイルの特色だと認識している人も少なくありません。

　しかし，考えてもみてください。本番リリース後に小さなバグが出たとしましょう。どのプログラムが原因で不具合が発生し，どこを直せばいいのかは，どうしたらわかるのでしょうか。クリティカルな不具合だと待ったなしの状態でしょうし，サービスが停止していたら顧客に多大な迷惑をかける可能性があります。ドキュメントがなければ，実際のプログラムのコードをひもとき，コードの怪しい箇所を1個1個潰していくしか手がありません。

　実は設計書というものは，作るために必要という側面もさることながら，それよりも**本番稼働後のトラブルに迅速に対応するため，運用を適切に行うという側面のほうが重要視されるべき**ところなのです。その意味から，アジャイルであっても必ずドキュメントは残しておかなくてはなりません。フォーマットはウォーターフォールのように詳細でなくてもかまわないかもしれませ

んが，不具合箇所の特定と対応策の決定を迅速に行えるようには整備する必要
があります。

　同様の例として，計画を立てないというやり方をするケースも見受けられま
す。進捗内容や課題の状況からフレキシブルに対応するというアジャイルの特
性を，自分の都合のいいように解釈したのだと思いますが，その場で計画を立
てているようでは，ゴールにつながる道を歩いているのかどうかさえわかりま
せん。間違ったやり方をしてしまっては，アジャイルでの成功は見えてこない
のです（図表5-5）。

図表5-5　アジャイルの最も避けるべき誤解

| アジャイルはスピード重視 | ≠ | 設計書等のドキュメントは必要ない |

➢企画との整合性は何で担保するのか（プログラムの中身をすべて見るのか？）
➢バグが発生した時にどうやって修正箇所を特定するのか
➢運用保守をする人はどうやって情報を得るのか
　　　　　etc.

冷静に考えると上記が成り立たないというのはわかるが，
なぜか日本では誤った解釈が未だに散見される

❸　DXはアジャイルでやることが前提ではない

●非常に有効な手法ではあるが

　これらを踏まえると，DXは，アジャイルでやることが正しいのでしょうか。
答えはYes & Noです。

　やはりスピードを考えると，アジャイルは非常に有効な手法です。デジタル
という文脈からも，ぜひアジャイルで開発すべきだと筆者は考えます。しかし，

使いこなせないならば，ウォーターフォールでかまわないと思います。目的を達成すること，ゴールに到達することが重要視されるべきであって，1つのやり方に固執する必要はありません。アジャイルを使って失敗しそうなら，ウォーターフォールで時間が少々かかっても，工夫しながらなるべく早くリリースしてゴールにたどり着くという選択肢のほうが，はるかに意味があります。DXはアジャイルでやらなければいけないという決まりはありません。**デジタル＝アジャイルだという誤解**を持たずに，目的の完遂を第1に考えてやり方を選んでください。

●クラウドネイティブかどうかは関係ない

　参考までにですが，DXに携わっていると，**クラウドネイティブ**で開発するという言葉を聞く機会があるかと思います。そして，そのためにはアジャイルが必須であるというような文脈で語られることが多いです。当たらずとも遠からずではあるのですが，ちょっと煙に巻いている感が否めない表現です。ベンダーはよく，こういう文言で専門性をアピールしたり，ユーザーが自分たちでは手に負えないという印象を強く持たせたりして，ことを有利に進められるように画策します。

　クラウドネイティブというのは，オンプレミス（自社設備内で管理・運用）で開発するやり方では駄目ですよ，ということを示しています。クラウドの開発では，**コンテナ**と呼ばれる技術を使うことが多いのですが，オンプレの仮想環境における開発とは違う部分があります。当然ツール類も異なるので違うといえば違うのですが，従来のオンプレ開発者に理解できない新しいものではありません。オンプレでも，環境によって使うツールは異なるわけで，必要なものを新しく覚えて対応するのがエンジニアの方たちの特性です。そのクラウドネイティブの世界とアジャイルも関係がありません。クラウドネイティブの技術を使ってウォーターフォールで開発してもいいわけです。

　DXの取組みでは，いろいろな売り込みを含めて情報が飛び交います。その情報を正しく判断するためにも，自らが正しい情報を持つことは重要です。横

文字の応酬にめげることなく，しっかりと自分たちに合ったアプローチを選択するように努めてください。

3 DX推進の各ステップで 具体的に何をやればいいですか？

第２章でDXを推進するためのステップについて触れました。最初のステップが企画・構想を行うステップ，２番目がPoC等の試行を実施するステップ，３番目が企業全体への本格展開を行うステップ，４番目が本稼働後の運用をするステップでした。それぞれのステップで具体的にどんなことをやらなければいけないのかについて，これから見ていきましょう。

❶ 企画・構想でのタスク

第１ステップの企画・構想から見ていきましょう。

繰り返しになりますが，DXはデジタル技術を使って企業の競争優位を追求することでした。この企画・構想を行うステップでは，どういう競争優位を追求するのか，言い換えると，どんなことが実現したら競合他社に勝てるのかという点について吟味し，何をするかを決めることが第１の作業となります。

最も重要な部分であり，これがないと始まらないという部分でもあるわけですが，検討に時間をかけずに社長が発した内容をそのまま採用するといったことが結構行われています。**ここがはっきりしないならDXをする必要はありません**から，ここに，より多くのリソースを投入することが，DXの成否を握ります。しかし，ここでどんな討議をするのか，誰を参画させればいいのかというイメージがつかないので，経営企画が出しているありものの資料の抜粋から導いたりしていることも多いのではないでしょうか。

●外部環境と内部環境のリサーチ

こうした内容の議論を進めるにあたっては，さまざまなやり方があるかと思いますが，特にDXという観点でお勧めの進め方を示しておきましょう。

　何事も議論するためには，その土台となる事実関係の収集，議論のネタとなる事象の収集が最初に必要です。いわゆる**リサーチ**というやつですね。競争優位の追求という観点からだと，自社の外部環境と内部環境に関する詳細な情報を揃える必要があります。

　外部環境はマーケットの概況（競合他社の状況を含め，売上や製品・サービス別の動向等），法律関係や海外政府の動きといったパブリックの状況，マーケットトレンドといった情報をなるべく詳細に集めます。なるべく客観的な情報が必要で，**数字で表されているものを重視して整理することがコツ**になります。

　内部環境は自社の状況ですので，製品別の売上や生産計画の推移，製品リードタイムといった内部データを，広い範囲で収集することが必要です。一見関係なさそうなデータも，後から必要になることもあります。どこにどんな情報があるかということでもかまいませんので，自社の情報について整理をしてください。

●仮説をもとにした議論と方向性の決定

　これらの外部環境と内部環境の調査結果から，仮説をいくつかこしらえます。その際のポイントは，できるかどうかを意識せず，**何をしたら勝てるのかという観点で考える**ことです。業界シェアがいま10位であっても，それがトップになったらこんなことが可能だとか，いま取得できないデータであっても，それさえ手に入れることができれば他社を置き去りにできるといった，そんな発想で考えることが大切です。

　仮説を作っては潰し，作っては潰しといった具合に議論を通じてブラッシュアップしていきます。内容が内容ですので，必要な経営層が参加し，激論を戦わせるというのが理想です。そういった場を作れれば，企画・構想としては半分終わったといえるでしょう。

●構想をまとめるポイント

　DXの企画として昇華させるには，ここで決まった方向性をデジタル技術，データを使ってどう実現できるかを検討し，融合させるということです。そのためには，先ほどのリサーチとは別に，デジタル技術の動向や海外を含めたDX事例の収集，自社にあるデータ内容といった情報をリサーチしておけば，DXの企画として早期にまとめ上げることが可能になるでしょう。

　目的とゴールが決まったら，それを計画に落とし込み，構想として完成させる作業に入ります。ポイントは，実現のために何をする必要があるのか（タスクの定義），誰がリードし誰が一緒に進めていくのか（プロジェクト体制），外部専門家に頼る部分はどこか，そしてコストとスケジュール感を明確にするということにあります。

●外部コンサルタントの活用

　これら企画・構想のステップは，自社だけでやることももちろん可能ですし，討議のファシリテーションやリサーチの部分を外部コンサルタントにお願いする手もあるでしょう。このステップは最も重要なステップです。お金，人，時間をはじめとしたリソースを潤沢に投入しても惜しくはありません。企業の将来を考える時間ですから。ただし，時間に関してはかけ過ぎるわけにはいきません。ビジネス環境の変化はデジタルの時代に入って日々変化するためです。その時間を買うという意味から，外部コンサルタントに頼ることは有効な手段といえます。

　何を優先するかを経営層を交えて討議し，企画・構想をまとめ上げる一歩を踏み出してください（図表5-6）。

❷　PoCでのタスク

　次のステップはPoCです。アジャイルによるPoCを前提としてお話しますが，このステップはスクラムのフレームワークそのものがすっぽり入るイメージになります。

| 図表5-6 | 第1ステップ　企画・構想の勘所 |

デジタル技術を活用して企業の**競争優位を追求**する

■そのためには検討の基盤（情報）が必要

外部環境	➢マーケットの概況（競合他社の情報を含む） ➢法律関係や海外政府の動き（パブリック情報） ➢マーケットトレンド　　　　　　　　　etc.
内部環境	➢製品別データ（売上／利益／生産計画／リードタイム等） ➢その他内部情報を必要に応じて出せるようにしておく　etc.
デジタル技術	➢デジタル技術のトレンド ➢国内外のDX事例（システム・ツール導入事例を含む）　etc.

■情報をもとに仮説を設定

| 留意事項 | ➢実現可能性に縛られない（発想の柔軟性が重要）
➢経営層も参画して仮説をブラッシュアップしていく
➢デジタル技術の要否についても議論　　　　　　etc. |

■企画としてまとめ上げる

| 明確にしておくべき事項 | ➢目的・ゴール
➢アプローチ・タスク
➢スケジュール・体制
➢コスト　　　　　etc. |

　ディスカバリーフェーズが最も重要だということはお伝えしたとおりですが，どの範囲でPoCを行うのか，そこでどういう結果が出ればPoCとしては完了（進むにせよ撤退するにせよ）なのかという点を，最初のフェーズで確定させなくてはなりません。この作業の難易度は高く，**十分に腰を据えて計画を練るほうが意味のある結果を得やすい**といえます。焦らずに，専門家を交えた議論をしたうえで計画を決定してください。

　あとは計画に従ってスプリントを実行し，スケールにつなげるということになります。ここでアジャイルのマネジメントを適切に行うことが最重要事項ということになりますが，適切なプロジェクトマネージャーや技術支援を行う

パートナーをアサインできていれば，それほど心配するところではありません（アサインできていなければ相当危険な部分になるので，ウォーターフォールでやる等の別の手立てが必要になります）。

❸　企業全体への展開時でのタスク

　そして3つ目のステップでは，本番の展開が待っています。PoCでは，ある特定の部分や限られたデータで実現度合いを見ることが多いため，このステップでテストの網羅性やセキュリティ品質の担保，データ移行やトレーニングといった，システム導入と同じようなプロセスを踏んで，最終リリースへこぎ着けるということになります。

　ここについては，特にDXだからこうするというようなところはなくなり，**しっかりと抜け漏れなくテストやデータ移行を行う**ことが重要なポイントになります。このステップで最も重要視して取り組む必要があるのは，第4章で触れたサイバーセキュリティの対策です。本番リリースにつながるステップになりますので，ここで脆弱性の検査や必要な対策の導入，必要なテストを通じたリスクの極小化を図ることになります。

❹　運用でのタスク

　最後のステップである運用段階では，単にリリースしたプログラムの運用保守を行うだけになることは稀です。アジャイルで進めている場合，細かい単位で進めていることもあって，**さらなる改善や範囲の拡大といった活動を並行して進めていく**ことが通常です。そのため，運用保守計画に従って日々のオペレーションを滞りなく進められるようにする（サイバーセキュリティインシデントの日々の対応を含め）とともに，機能拡張や最終ゴールに向けた次の構想を練るべく，ステップ1に戻るというサイクルが流れていくことになります。

4 よくわからないので コンサルに丸投げしてます

❶　丸投げはありえない

　各ステップでやるべきことのポイントや流れについて触れましたが，面倒なので外部のコンサルタントに丸投げして，プロジェクトを回してもらっている企業もあるかと思います。前述の進め方と同じようなことを言っていたから大丈夫だろう，と思っているのかもしれません。確かに，自分でできない部分を補完してもらうという意味では，外部を使う意味は大いにあると思いますし，時間を買うという観点からも，足りないリソースを外部で補うことはリーズナブルといえます。

　しかし，ここまでで話をしてきたように，さまざまな検討や判断，サイバーセキュリティ対策，データにまつわる処理の内容等については，DX推進担当者は必ず把握しておく必要があります。当然さまざまな意思決定を含めて自分で判断するところは一定程度あります。その**重要な部分を外部コンサルタントに決めてもらうというのは，いかがなものでしょうか**。

　金の切れ目が縁の切れ目ということで，契約が終わると外部コンサルタントやベンダーはいなくなります。しかし，DXで実行した改革のプロセス，導入したアプリケーションは継続します。何かが起こったときには自分で対処する必要があります。その時には後進に道を譲っているから関係ないと思うかもしれませんが，そういう心持ちでDXに取り組んでも，その目的からして推進の熱量は不足し，成功する可能性は低いといわざるを得ないでしょう。

❷　外部の使い方を間違えない

　この丸投げ体質は，結構多くの日本企業に見られる事象です。わからないことは専門家に任せるというのは聞こえがいいものの，わからないままで済ませてはいけない部分まで済ませてしまうことを助長し，後進が育たない原因にも

なります。DXを推進していくことは簡単なことではないですが，**自分がわかっていない内容に責任を持つことのほうが，後々しんどくなります**。助言は外部に求めてください。しかし判断は自分で行ってください。自分で難しければ上司にエスカレーションして，必ず自社でオフィシャルに承認を得るようにしましょう。

　外部コンサルタントは客観的な視点や専門的な知見を提供してくれますが，クライアント企業側の事情はそこまで理解していません。何から何まで外部コンサルタントに情報を渡していることもないでしょうから，共有していない情報に関わる部分は自分たちで判断するしかないのです。そして，DXの場合はアジャイルで進めることが多いということもあって，その他のITシステムのように請負契約ではないことがほとんどです。時間が来たらそこまでの責任しか外部は負ってくれません。**限られた時間の中で何をしてもらうか，そこが腕の見せ所**なのです。パートナーとして同じDXに取り組むわけですから，対等な立場でシビアな目線で，お互いプロ同士としてプロジェクトの成功にコミットしたいものです（図表5-7）。

図表5-7　外部委託する際の心構え

自社の改革（Transformation）を丸投げはありえない

■以下は必ず実行
　➢企画内容の検討への参画および意思決定
　➢サイバーセキュリティ施策の理解と内容に対する承認
　➢データ関連の業務全般に対する理解と承認

DXに対しての問いに「わからない」がない状態にすることが鉄則

　➢XXさんに聞いて，はタブー
　➢自ら内容をいつでもプレゼンテーションできる状態を作る
　➢技術的な詳細についてのみ，別の人を頼る

5 せっかくPoCをやったのに 経営会議でストップされました

　ここ数年の間にDXプロジェクトが数多く組成され，PoCに取り組み，効果が本当にあるかどうかは置いておいて，本番にこぎ着けるという姿を見てきました。もちろん，「これは素晴らしい」というものもありました。

　ただ，せっかく取り組んだのに日の目を見なかった，見ることができなかったというものも数多くあります。その典型が，PoCをやってその結果を報告したにもかかわらず，経営会議等で継続の予算が降りなかったというケースです。PoCの結果を見る限り，計画どおりに遂行し，望んでいる結果も出ているにもかかわらず，次のフェーズに進むGoが出ないのはなぜなのでしょうか。

❶　経営層に問題あり

　これは結局，経営層の問題です。企画段階からその取組みの重要性や戦略的な意味というものを自ら真剣に考えず，担当者や外部コンサルタントに提案されたことを，わかったふりをしてGoをかけてPoCまで進めたものの，いざ本稼働に向けた作業を提案すると，PoCに比べて大きく膨らんだ費用や必要な工数に難色を示してプロジェクトを頓挫させるという構図です。費用に関しては企画・構想段階で提示していたにもかかわらず，結局頓挫させてしまう経営層は，**はじめからDXの取組みの意味を理解していなかった**のです。

　このようなケースは意外に多く目にします。企画・構想プロジェクトを遂行し，PoCの提案をする段階で止まるケースもあります。競争優位の確立につながりそうにないからストップするならわかるのですが，PoCの活動そのものの費用やその活動に人を振り向けることに難色を示すケースは，「なぜ企画・構想をやったの？」と疑問に感じてしまいます。無駄な時間とお金だからです。そういう意味では，誰かの思いつき，あるいは競合他社や世間で流行っているからやり始めたプロジェクトは，ほとんどが頓挫しています。当たり前ですが，大義のないプロジェクトですので，続くほうが不思議な状況にあるということ

です。

　大義のないプロジェクトが長い間続いている例も多いです。つまり，予算の都合等で頓挫するならまだしも，止める決断もできないまま無意味なプロジェクトが続いているわけです。このようなケースは，経営層が中身をわからずに進めることが諸悪の根源であり，百害あって一利なしです。

❷　外部をうまく使って経営層を動かす

　かといって，経営層が原因だとはわかるのだが，それを一社員である自分ではどうにもできないという状況に歯がゆさを感じるケースも多いでしょう。面と向かって「あなたが諸悪の根源です」と役員に言うことができない以上，事態が好転する可能性は極めて低いのは事実です。

　このような場合，担当役員や経営トップが変わるタイミングにかけるしかないのか，ということになるのですが，次の担当やトップが同じタイプではないという保証はありません。しかも，それを待っていては企業そのものが競争に負けてしまうことも想定されます。したがって，いまこのタイミングで是正しないといけないことになります。

　こういうときこそ外部の圧力を使うべきです。経営層のありがちな態度として，社内の人の言うことを聞かないことは多いのですが，社外の人のことだと耳を傾けたり，言い返すだけの専門性も権限も持ち合わせていないため，提案が受け入れられたりする可能性が高まります。

　一緒にプロジェクトを推進している外部コンサルタントでは，さすがに自分のやっているプロジェクトに意味はないとは言ってくれないでしょうから，その外部コンサルタントとは別の外部コンサルタントにお願いする必要があります。流行りに任せて煽ってくるようなコンサルタントだと逆効果になりますが，そうでないコンサルタントの人は，こういったケースでの初期相談には喜んで乗ってくれると思います。当然，経営層を説得するには，次にどうするかという答えを用意できていないと不十分なので，経営層にその重要性や要点をわかりやすく伝えて説得してくれる，いわゆる**エバンジェリスト**を日頃から見つけ

ておくことが重要な要素といえます。日頃から関連するセミナーへの参加や書籍・記事のチェックをしておくことは，意外と重要なことなのです。

6　情報システム部門が「勝手なことをするな」と言ってきました

❶　情報システム部門はさまざまなリスクを考えている

●プロジェクトに情報システム部門の人がいないと…

　DXに取り組む際，特にPoCの実行段階にさしかかるところで，情報システム部門から，勝手にアプリを開発したり，新たなサービスを提供したりすることを許可しない，と言い出してもめることが多くあります。プロジェクトにもともと情報システム部門が参画している場合には，このようなことは起こらないのですが，多くの日本企業では，システムに関することはすべて情報システム部門の許可が必要なため，プロジェクトに情報システム部門の人がいないと社内のトラブルが頻発します。往々にして情報システム部門はプロジェクトサイドの主張に対して専門用語の応酬で対応しますが，一方でプロジェクト側はフロント側の声の大きい人を使って強行突破しようとし，にっちもさっちもいかないようになります。

　プロジェクト側（フロント側）はデジタルやITに詳しくない人が推進していることが多いため，「もっと何でもできるように規制を緩くしろ」「稼いでいるのは私たちだ，言うことを聞け」「社長がいいと言ったから言うことを聞け」といったように，さまざまな手で自由を求めて情報システム部門に挑みます。情報システム部門は当然その立場から，技術的な側面を攻めて応戦することになります。最後は社内の力関係で決することが多いのが現状ではないでしょうか。

●情報システム部門にも自負がある

　筆者はCIOをやってきたこともあって，情報システム部門の気持ちや立場と

いうものがよくわかります。ITガバナンスを司る立場としては，胡散臭いと感じるツールや，一緒に仕事をしたことがない外部コンサルタントやベンダーが開発を進めるプロジェクトを，信用しろ，安心しろと言われてもできないものです。また，技術に詳しくないフロント部門がやっていることは，基本的に信用できません。

　ここまで本書を読み進んできた方ならもうおわかりでしょうが，セキュリティの担保が非常に重要なDXという取組みで，技術的裏付けを取れない人たちが進めたいと言っていることを，何のエビデンスもなしに許可することは，ITガバナンスの砦としての自負がある情報システム部門からするとありえないのです。それを社長の鶴の一声等で聞く羽目になったらどうでしょうか。会社として相当の大きさのあるリスクを見逃すことになります。果たして，これを許すことが情報システム部門の役割でしょうか。

❷　サイバーセキュリティを軽視したことが原因

●外部が拍車をかけている

　こういった動きに拍車をかけてしまっているのは，残念ながら**外部コンサルタントやITベンダーである**と筆者は考えています。DXを推進するということを優先し，また最先端の技術を取り入れるといったことを重視しすぎたがゆえに，サイバーセキュリティをはじめとする，当然具備すべき機能やプロセスをおざなりにしてしまっているのです。

　データの重要性やサイバーセキュリティの重要性を理解していればこのようなことは起きないのですが，実際にはこういった重要性を理解していない外部コンサルタントやITベンダーが，**情報システム部門とやり取りする**ことなく，**社内実力者とコンタクトすることで前に進めようとしている**例が散見されます。

●常に二人三脚で

　ビジネスを安全かつ前に進めるためにできること，という観点でプロジェクトを引っ張っていくためには，プロジェクト側にサイバーセキュリティに精通

している人，およびレガシーシステムとの連携を理解して，何をどういった仕組みで実現したいかを語れる人を置かなければなりません。そのうえで情報システム部門と協議し，リスクをどこまでだったら会社として取れる可能性があるのか，判断が両者でつかないのであれば，両者の共同提案として経営層に判断を仰ぐということをやる必要があります。

　確かに，情報システム部門が保守的すぎるという意見はあるでしょう。しかし，多くの日本企業でフロント側が十分にリスクを理解して進めている例はありませんでした。外部コンサルタントが考慮できていなければ，さまざまなリスクを抱えたまま進んでしまうリスクも大きくなります。外部コンサルタントがその点を理解している保証もありません。

　常に情報システム部門と連携し，データやサイバーセキュリティの重要性に鑑みて二人三脚で進めるという姿勢を忘れないでください。情報システム部門は自分の業務を遂行しようとしているのであって，決してDXの足を引っ張ろうとはしていません。プロジェクト側がしっかりと理論武装できるかどうかのほうが重要だということを肝に銘じてください（**図表5-8**）。

＊

　本章では，データの重要性を理解し，サイバーセキュリティの重要性と対応の必要性を理解したうえで，DXのあるべき進め方の1つの形を示してきました。細かい部分は自社に合ったアレンジをしていただいて問題ないですが，必ず守らないといけないポイントをまとめておきます。

　①　目的とゴールを最初に明確にする（DXは戦略ありき）
　②　プロセスどおり（第1ステップから）の実行，ポイントを外さない
　③　サイバーセキュリティ対応

　この3つのポイントのうち，②については外部のコンサルタントを利用する等，多くの企業でポイントを押さえながら実行できています。

　弱いのは，①の目的とゴールをしっかりと明示し，見失わないという点です。プロセスとしては検討をしているので正しいのですが，中身が不十分というケースが多く目に付きます。①に多くの時間を割いているか，しかるべき人材

| 図表5-8 | フロント部門と情報システム部門の対立構造 |

<フロント部門>   <情報システム部門>

細かいことはわからないが
プロジェクトを早く進めさ
せろ

 VS

技術やセキュリティもわから
ないのに勝手に開発するな

➢ DXをとにかく前に進めないとい
けない
➢ 技術のことはよくわからないから
避けて通りたい

➢ 技術のわからない人を信用して
いない
➢ セキュリティ問題を起こしても，
最後に尻拭いをするのは自分
たちという思いがある
➢ ITの番人（最後の砦）として
の責務を重視

**会社としてのリスクを最小化することを考えるべき
＝お互いの理解なしにDXは進まない**

を巻き込んでいるか，経営層が理解してGoを出しているか，といった点を再度点検してみてください。

　そして，③に関しては，できていない日本企業のほうが多いというのが現状です。できているつもり，考えているつもりというプロジェクトはあると思いますが，SP800-171といったグローバルスタンダードとしてのフレームワークと比べながら，具体的な検討のタスクをプロジェクトに取り入れている例はほとんど見かけません。サイバーセキュリティを軽視することがどれぐらい大きな脅威を引き起こすのかについては理解できたかと思います。いま問題がなくても，これから深刻な問題となり企業をリスクに晒すことになりますので，この足りない③の観点をしっかりと取り入れつつ，DX推進のプロセスを歩んでいってもらえればと思います。

第 6 章

データガバナンスが
特に重要ですね？

　第5章で，DXの推進方法について1つの成功モデルを紹介したわけですが，どんな進め方をしたとしても，肝になるのがデータであることは変わりありません。デジタル＝データという基本概念が変わることはないということです。その前提に立つと，正しい進め方で取り組むとしたときに，DX成功の鍵を握るのはデータだということになります。

　このデータですが，情報システム部門にリクエストすれば簡単に出てくるというイメージをお持ちの方が多いのが現状です。DXの取組みの中で新たに定義し，自分で作成する必要があるデータ以外は，情報システム部門が提供してくれるはずと考えるのは自然なことですし，そのような手続きが存在している企業ばかりだと思います。

　ここで注意する必要があるのは，**データは生き物**だということです。無味乾燥な勝手に作られているイメージが強いデータですが，日々の企業活動やマーケットの動きの中で作られ意味づけされているものですから，放っておくと，こちらの意図しないデータになっていることがあります。それが，**せっかく意味をなすはずだったDXを台無しにすることがある**のです。

　例えば，ある市場分析をするアプリケーションを開発していたとします。そのアプリケーションは，分析のもととなるデータとしてエリア別の人口を使っています。そのデータに基づいてさまざまな分析を行って意思決定に用いていましたが，実は最近，児童・学生が進学や就職でそのエリアを離れており，人口構成も大きく変わっていました（大規模開発によって同時に同世代の人が大量に住んでいた地域では，ある時期を境に人口が激減するケースがあります）。こういった人口構成を重要なデータとして使っていた場合，そのような異常値を捉えて，一時的なものか長期的なものかを見極めたうえで，そのデータをそのまま利用するか，何らかの対応をするか判断することが本来求められます。しかし，データを適切に管理できていないと放置することになってしまい，結果的に意思決定の内容を誤らせ，企業にダメージを与える可能性があるのです（図表6−1）。

図表6-1 データは生き物であり賞味期限がある

＜5年前＞

年齢	人数
10代	5万
20代	8万
30代	6万
40代	4万
50代	3万
60代	2万
70代	1万

→ **ターゲット層**

意思決定内容
- ➤ ターゲット層の人口が多いこともあり，この地域に集中的にマーケティング投資を行う

＜現在＞

年齢	人数
10代	2万
20代	4万
30代	3万
40代	4万
50代	3万
60代	2万
70代	1万

→
- ➤ ターゲット層減少により本来は投資対象にならない地域
- ➤ 生活スタイルの変化や都市計画によって大きな変更が起こる可能性を考慮しておくべき

> ➤ 5年前のデータをそのまま使い続けていたとしたら…無駄な投資の継続
> - ・統計データ等を外部から取得する場合，数年に一度の更新となる可能性もあるため，上記のようなケースには常に気を配る必要がある
> - ・環境変化に対応するためには，常に最新の情報を取得しておくべきである

　DXを通じてデータドリブン経営を推進していく場合，このデータの内容の変化や精度を見極められていないと，企業にとって非常に危険な状況を引き起こします。また，機密データを扱う，あるいは自社にとって外部に知られたくないデータを扱う場合には，データの漏洩や改竄といった点にも留意しなくてはなりません。

　このように，データを正しく，意味のある状態で使えるようにする「データガバナンス」について，この章では見ていくことにしましょう。せっかく作ったDXの仕組みも，このデータガバナンスの善し悪しでその成否が別れます。正しく管理し，DXを成功に導く最後のピースとして認識してください。

　なお，ここでいうデータガバナンスは第1章でお話したとおり，データ統制とデータマネジメントの双方を足したものを意味します。決してデータ統制のことだけを指すわけではないので，そのあたりお間違えのないようにお願いします。

1 DXの本質はデータをいかに使いこなすかということですね？

❶ さらなる高度化に向けてデータを使いこなす

　DXは，デジタル技術を活用して企業の競争優位を追求することであり，デジタル＝データだということは何度も繰り返しいっていることです。そのデータをどう作るか，サイバーセキュリティにどう対応していくか，という点についても，その重要性の高さを認識できているかと思います。

　次は，しかるべき手順で取り組んだDXの仕組みをいよいよ本稼働させて，日々の業務として運用に入った状態を想像してください。日々の業務を通じて企業の競争優位を追求する行為が始まり，運用をしながら改善活動（メンテナンスを含め）をしている状態に入ったということです。

　この段階になると，データからの示唆，分析結果からの示唆（AIによる分析を含む），これまで見えなかったものの発見（センサーからのデータ等），データ連携による自動化（さまざまなオートメーションの実現），といったDXによる恩恵を受けたうえで，さらなる高度化に向けた活動も開始されることになります。当然，データの質に気を配りながら，想定どおりの結果を導くことができているのか，データドリブン経営として成り立っている状態にあるかを常に確認しながらの推進となるはずです。

　さらなる高度化に向けては，さまざまな様式にデータを加工して活用するような（例えば，新たな切り口のデータを作成し，分析に加えるといった改善）アクションも出てくるでしょう。日々の業務を行う立場からすると，いかにデータを駆使して業務を遂行できるか，さらなる高度化や不具合への対応も，やはりデータの加工・追加等データを駆使することになります。

　データを使いこなすことができているか，あるいはデータを使い尽くす勢いでデータ活用を進められているかが，DXの成否につながっているということになります（図表6-2）。

図表6-2　DX＝データを使いこなす

DX本稼働　→　各種データ　⇒　AI／データ処理　→　💻

✔ 高度化とはさらなるデータを駆使することにほかならない
✔ データから得た示唆が，さらなるデータの活用を生み出す好循環がDXを加速させる

✔ 新たなデータ（切り口）を追加
✔ データ加工
✔ AIのチューニング
✔ 自動化部分の拡大
etc.

❷　データの質（精度と鮮度）が最重要

　この際に重要な要素となるのは，**データの質**です。データの質という観点では，**データの精度**（分析や判断に必要な粒度が担保できているか，正しいデータが担保できているか等）と，**データの鮮度**（最新のデータかどうか等）の2つの側面で条件を満たしていないと，導かれる結果に確からしさが十分にないことになります。つまり，データの精度と鮮度が十分でない場合はデータを使いこなしていることにはならない，言い換えると，**データを使いこなすことには，データの精度と鮮度を保つことも含まれている**ということになります。

　もちろんそのためには，セキュアなデータであることが条件ですので，意味のあるデータ（＝精度と鮮度が保たれた必要データ）を安心して活用できる状態（データセキュリティが担保されているデータ）に管理・統制することが求められることになります（**図表6-3**）。これがデータガバナンスであり，DXの仕組みを機能させ，DXの効果を享受するために必要な最後のピースなのです。

　データガバナンスが機能していなければ，素晴らしい仕組みができ上がっていてもDXは失敗します。その意味から，データガバナンスは最も重要な要素ともいえるのです。もしDXを正しい手順で，しっかりと目的・ゴールも意識

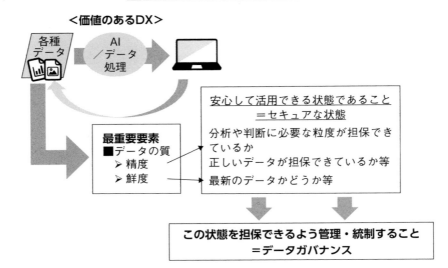

図表6-3 データガバナンスの基本

して取り組んだのに結果が出ていないのなら，データガバナンスが十分に機能しているかどうかを確認してください。必ず何か欠けている部分があるはずです。

⎡2⎤ データセキュリティで気をつけることは何ですか？

　DXを成功させるための最後のピースであり，最も重要であるデータガバナンスの具体的な中身に入る前に，データセキュリティに触れておきましょう。

　サイバーセキュリティの1つの要素であることはすでに第4章で触れたとおりですが，データ管理とデータセキュリティは密接に関わるところですので，ここではデータセキュリティについてもう少し掘り下げてみようと思います。

　第4章では，データセキュリティとは，データが侵害されないように防御策を施すことだと説明しました。そしてその防御策にはサイバーセキュリティでの対応が含まれていて，その点から**サイバーセキュリティとデータセキュリ**

ティを別物だと捉えるのは避けたほうがいいという点に言及しました。そこでの前提を頭に入れながら，ここではデータが侵害されるという点にフォーカスし，その防御のために最低限何をしておくべきかを考えてみましょう。

❶　データの侵害（不正アクセス）をいかに防ぐか

●本来は被害者なのだが…

　復習になりますが，DXではデータは非常に重要で，もしデータが間違っていたり精度が著しく低かったりすると，DXの失敗が確定し，データドリブン経営は不可能という結果が導かれます。気づかずにオペレーションを続けたり意思決定をしたりすると，間違った企業活動を行うことになりますので，事と次第によっては企業存亡の危機につながる可能性すらあります。

　これが自分たちのミスで起こっているのならば，多少諦めもつくところがありますが，外部の第三者や悪意のある関係者によって引き起こされたとなると，それどころではありません。この場合は本来，被害者になるはずですが，顧客のデータ等が含まれていたりすると，往々にして謝罪会見等の対応に追われるとともに，管理不行き届きという烙印を押されるというマイナス面から被害者扱いされず，大きくレピュテーションを毀損することになります。

●外部からの侵入にはSP800-171で対応

　こういった間違ったアクション（オペレーションの遂行や意思決定）が引き起こされるのはデータに起因するのですが，そのデータ不備がデータ侵害されたことにより発生したものだった場合に，レピュテーションリスクが最大化します。このリスクを最小化するために，ここではデータを侵害されないための方策（＝データセキュリティ）に絞って考えることにしましょう。

　データの侵害は，データにアクセスされることによって起こります。いかに不正アクセスされないようにするのかが方策の幹になりますので，アクセスされる可能性のあるケース１つひとつに対して，不正な操作が行われないように対策を講じることになります。

　不正アクセスの起こりうるケースは，外部からの侵入と内部からの侵入の2つに大きく分けられます。外部からというケースは，主にネットワークを介して，いわゆるハッキングされることによって発生するわけですが，このケースについてはサイバーセキュリティ対応でSP800-171相当のレベルまでの対応をすることで，データセキュリティとしての対応も完了しているとみなすことにします。つまり，第4章で触れた内容に準じて，情報システム部門と協働して対応するということになります。本章では，内部からの不正アクセスを中心に，データセキュリティとして講じておかなくてはならない施策を挙げておきましょう。

❷　データの改竄と漏洩

　データが侵害されるということは，データが改竄されるケースと漏洩するケースの2つを想定する必要があります。

　改竄は，もともとの正しいデータが誤ったデータに書き換えられてしまうケースを指しており，不正アクセスによる故意の書換え，アクセス権を持った人が故意に行う不正行為，アクセス権を持った人が意図なく書き換えてしまう（削除する場合もあり）ケース等があります。

　一方，**漏洩**するケースは，データを外部記憶装置（USBメモリや外付けのハードディスク）にコピーをして持ち出されてしまうケース，個人の端末にダウンロードされるケース，個人の契約しているクラウドストレージにアップロードされるケース，マルウェアによるデータ転送等が代表的なものになります。何らかの形で持ち出された後に，外部へ漏洩する（何らかの不正に使われたり，ネットやダークウェブ上に公開されたりする）という流れが一般的に起こりやすいとされています（**図表6-4**）。

　こういったことが起きないように，どのような対策を施す必要があるのかを整理しておきましょう。必ず企画段階からデータセキュリティを含むサイバーセキュリティ対策については検討されていることが必須で，DX運用開始までに必要な対策が完了していることが大前提であることを忘れないでください。

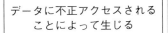
図表6-4　データ侵害

データに不正アクセスされることによって生じる	不正アクセスの形態 ■外部からのアクセス ➤ハッキング（クラッキング） ➤マルウェア ■内部からのアクセス ➤情報の改竄 　➤故意のケース 　➤意図なく行うケース ➤情報漏洩 　➤持ち出し 　➤クラウドストレージ経由 　　　　　　　　　etc.
不正アクセスされないための仕組みを講じる ＝データセキュリティ	

❸　データ改竄に対する施策

　では，データセキュリティのうち，改竄のケースから見てみましょう。

　データを書き換えられてしまうという行為になりますので，まずは，本来そのデータに触ってはいけない人が触れる状態にならないようにしないといけません。そのためには，**厳格なデータアクセス権の管理**が必須となります。これは，皆さんもふだんからシステムにログインする際にIDとパスワードが求められ，ログイン後にアクセスできるシステムやフォルダに制限がかかっている（自分とは関係ない部門のファイルが見えないようになっている等）かと思いますが，このことをいっています。

　このケースで不正アクセスが生まれてしまうのは，アクセス権が正確に設定されていない，もしくは，ログイン情報が漏洩している／セキュリティ強度が低いのいずれかが考えられます。

〈アクセス権が正確に設定されていない〉

　アクセス権の設定が正しくないケースは，結構頻繁に起こりうるもので，意

外と日常的に起こっているものです。ほとんどの人にアクセス権がないという
シンプルな場合はそれほどでもないのですが，人や役職で制限したりデータ項
目で制限したりといった具合に複雑な設定を行う場合，どうしても設定の抜
け・漏れや想定外の動きというものを誘発してしまいます。十分なテストを行
えばいいのですが，なかなか設定ミスを撲滅できないことも事実です。ユー
ザーが設定できる場合も多く，そのような場合は設定変更等を行わずに放置さ
れている間に不正アクセスが行われてしまうこともしばしばです。部署を異動
したのにまだアクセス権を与えたままというケースは，一度ぐらい目にしたこ
とがあるのではないでしょうか。

　これを防ぐためには，テストを繰り返すことと，異動時やIDを付与する際
に複数回チェックが入るような厳格なプロセスを構築し，ワークフロー化して
おく等の対応が必要になります。

〈ログイン情報が漏洩している／セキュリティ強度が低い〉

　ログイン情報の漏洩は，部門で共通のIDとパスワードを使用しているよう
なケースを除いて，ほとんど起こらないと思いますが，未だにデスクにIDと
パスワードを付箋で貼っているようなケースが残っていると，この限りではあ
りません。これは，意識を改革する以外手がないので，システム的に何らかの
手を打つことは不可能です。

　セキュリティの強度不足によるログイン情報の漏洩は大いにありえます。強
度があるとされている複雑なパスワードの設定の強制や，パスワード有効期間
の設定といった対策に加え，多要素認証（MFA：Multi Factor Authentica-
tion）を施すことがスタンダードになっています。MFAは，スマートフォン
にSMS等を飛ばして本人確認をするとか，Authenticatorアプリでワンタイム
パスワードを発行する等のことで，何らかのアプリで経験したことがあるので
はないでしょうか。最低限，こういった対応はしておくことが必要となります
（**図表6-5**）。

図表6-5　データ改竄への対策

■データの改竄
　➤ データの書き換え
　➤ データの削除
　➤ 誤ったデータの登録
　　　　　　　　etc.

本来データにアクセスしては
いけない人がアクセスできる状態が
侵害を引き起こす

厳格なデータアクセス権管理が必須

■ID・パスワード管理（MFAを含む）
■正しいアクセス権設定（**最も重要**）
　➤ 利用しなくなった人のアクセス権を削除
　　しないケースが多い
　➤ 複雑な設定をしている場合も要注意
　➤ 多重チェックをかけるようなプロセスの
　　整備が必須

❹　データ漏洩に対する施策

　では次に，漏洩のケースを考えてみましょう。

　実は，サイバーに絡む情報漏洩インシデントは，外部からのハッキング等による侵入被害よりも，**内部からのデータ持ち出し等のケースのほうが多い**という現実があります。どうしても日本では，ドラマや映画の影響からか，ハッカーがシステムに侵入してくるという印象を持ちがちなのですが，社内からアクセス権を持った人が不正に持ち出すほうが多いのです。

●物理的な持ち出し

　データが漏洩するということは，データが何らかの手法によって外部に持ち出されるということを示しています。まず考える必要があるのは，物理的な持ち出しです。端末にデータを保存していて，その端末ごと盗まれるというケー

スが最も原始的といえるケースになります。ただ，現在のPCでしかるべき設定をしておけば，**現在の暗号化レベルであれば盗まれてもそこまで漏洩を危惧する必要はありません**。端末にログインするIDとパスワード，多要素認証がすべて手に渡っていない限り，PCから情報を持ち出すことは基本できない仕様になっています。

　しかし，なぜか日本企業や日本の官公庁はPC紛失に対して過剰に反応し，100％防げるものでなければ信用しないという傾向があります。サイバーセキュリティの世界に100％は存在しないので，いつまでたっても解けない方程式に取り組んでいるともいえるため，意識改革が必要な点でもあります。アクセス権の制御を厳格にしたり，その他の施策を組み合わせたりすることで，より強度を高めていくというスタンスが重要です。その点は間違いなきようお願いします。

●外部記憶装置へのコピーによる持ち出し

　さて，物理的端末の次に考える必要があるのは，外部記憶装置にコピーをして持ち出す場合です。代表的なものはUSBメモリにデータをコピーして持ち出すというケースです。ほとんどの企業でDLP（Data Loss Prevention）という機能をPCに実装しています。USBを指定しても，**読み取りはできるが書き込みや削除ができないという制御をかけられる**ので，DLP製品を導入して対応を行えば問題ありません。

　1つ注意点を挙げるとすると，一般職員が使っていることが多いWindows端末はDLPが導入されているものの，開発やデザインをするために導入されたMac端末にはDLPを導入していないというケースが結構目につくという点です。開発者は自由かつ特別な環境を欲しがることが多いため，その要求に応えるためにセキュリティ対策が緩くなりがちです。特にDXのプロジェクトではMac端末を使っているケースが多いので，この点は注意をする必要があると思います。

●インターネットを通じたコピーによる持ち出し

　外部記憶装置の次に対応を講じないといけないのは，個人のクラウドストレージにデータをコピーする（アップロードする）ケースや，個人所有の端末にインターネット越しにダウンロードさせてしまうケースです。前者のクラウドストレージにコピーができてしまうケースは，インターネットへのアクセスを許可している場合は制御が難しく，**特定のIPアドレス制限をする**といった対策をするに留まるのが現状です。やらないよりやったほうがいいのはいうまでもないので，まずはそういった対策を施すとともに，インターネットサイトへのアクセスログを後からチェックし，**ストレージへのデータ転送が行われていないかどうかをログ分析によって判断する**，といった施策も合わせて実行することが望ましいといえます。

　ユーザーの利便性を勘案して，インターネット上にあるストレージを公開しているケースがありますが，必ず設定を確認して，ファイルをダウンロードできない設定にしておくとか，多要素認証やVPN接続しか認めないといったアクセスの制御を合わせて施すことは，最低限やっておいたほうがいいです。

●Administrator権限を使った持ち出し

　ここまではどちらかというとユーザー側の制御の話をしてきましたが，システム管理者側の対策もしておく必要があります。いわゆるAdministrator権限を持っているシステム管理側のユーザーは，さまざまなデータに触れる特権を持ったユーザーです。そのユーザーを使って不正を行う（データを直接持ち出す，ダウンロード権限をつけてしまう等）ことが可能になるので，その特権の管理は特別に行っておかなくてはなりません。

　通常は，**PAM**（Privileged Access Management：特権アクセス管理）というソリューションを導入して，特権IDの管理を行います。多要素認証を含め，特別に隔離された管理を行う等して，特権IDの奪取を防ぐソフトウェアです。情報システム部門で通常導入している仕組みですので，協力を仰げば導入自体はそれほど難しくありません。管理プロセスの構築は必要になりますので，

SP800-171対応でCSIRT編成等と合わせて組み込むとよいかもしれません。

❺　アクセスログの監視は必須

　以上の対策のほかに，改竄や漏洩に共通して対応しておかなくてはならないのは，データに対するアクセスログをしっかりと取っておくことです。誰がいつアクセスしたのか，更新した人は誰か，といったデータに対する処理内容のログを押さえておき，**後から分析できるようにしておくことが重要**です。問題が起きて訴訟沙汰になった時には，そのログを保全することが求められます。そのあたりも視野に対応を検討しておくことが基本になります。

　おそらく，情報システム部門がメールの保全等で仕組みやプロセスを構築していると思いますので，そこにうまく組み込んでもらうように相談をすることが近道だと思います。残念ながら十分な仕組みが構築されていないのならば，共同で構築するところから進める必要があります。データの重要性に鑑みると，対応できないのは許容されないと考えるべきです（図表6-6）。

❻　アプリケーションが問題になることも

　最後にもう1つ留意すべき点について触れておきます。それは，DXの取組みで開発したプログラムもしくは直接関係ないプログラムによってデータが改竄されるケースです。「何のこと？」と思われるかもしれませんが，意外にこのケースは発生します。あるアプリケーションを実行すると，想定外の動きをして，データを間違った値に上書きしてしまった，あるいはデータを削除してしまったという事象のことを指しています。

　本番のデータを書き換えてしまうので大事ではあるのですが，それなりの頻度で起こっていて，リカバリーに相当の労力が必要になることが多いです。これが起こってしまう最大の要因は，**アプリケーションリリース前のテスト不足**です。しっかり検証を行っていればこのような取り返しのつかないことは起きないのですが，リリースを急ぐあまりに，当たり前のテストをやらずに本番でバグが発生するという最悪の事態です。

図表6-6　データ漏洩への対策

■データの改竄
　➤ 外部からのハッキング
　　（クラッキング）
　➤ 内部のデータ持ち出し
　➤ マルウェア
　　　　　　　. etc.

アクセス権を持った人が故意に持ち出す
ケースをいかに防ぐか

ログ解析を含めた対策が必要

■物理的持ち出しの防止
　➤ PC端末／外部記憶装置への対策（DLP
　　の導入等）
　➤ Mac端末要注意
　➤ 個人端末へのコピー（ファイル共有での
　　アクセス権）
■システム管理者側への対策
　➤ 特権IDの管理
■ログの取得と解析（監視）

　対策は，テストケースやテスト結果に対する多重チェックといった**人力でや
る以外に方法がありません**。人には権限管理を強めにかけるのですが，プログ
ラムはデータ更新をするために何でもできる権限を与えがちです。特権IDを
プログラムに直接埋め込んでいるケースもあります。こういった点も含めて，
アプリケーションに関連するテストは，やり過ぎるくらいやったほうがいいと
いうことを肝に銘じてください。データのリスク許容度にもよりますが，不安
要素のある状態でDX実現を急いでリリースをしてしまうようなことがないよ
うにすることは，DX推進担当者の責任です。

3 DXで最低限実現すべきデータガバナンスを教えてください

❶ データガバナンスの考え方

　もう一度データガバナンスの概念をおさらいしましょう。データガバナンスは経営層の担当する領域で，どういうデータを意思決定に使うのかを決め，それが正しく活用できているか（セキュリティ面や精度も含めて）をモニタリングし，必要に応じて改善を指示するという統制と，活用促進を実現するものです。そのためには，データの統制や活用促進に向けた取組みと，日々のデータマネジメントが重要で，統制とデータマネジメントが組み合わさって機能して，はじめてデータガバナンスが機能するという関係にありました。

　ここではもう少し具体的な中身をひもとき，DXで実現すべきデータガバナンスのレベルを定義しましょう。

　まずは，経営層が担当する部分である統制とデータ活用促進のためのモニタリング・評価といった点について，DXではどこまで考えて実現する必要があるのか考えてみましょう。データガバナンスは，経営層の担当部分と実務層の担当部分が双方とも機能することによって，全体のデータガバナンスが正しく機能するという考え方ですが，これはITガバナンスの考え方と基本的には同じです。ITガバナンスに関しては，COBIT（Control Objective for Information and related Technology）という，米国情報システムコントロール協会（ISACA）とITガバナンス協会（ITGI）が提唱しているフレームワークに詳しく記載されています。本書では必要な部分だけを使って説明しますが，参考になるフレームワークですので，全体を理解したい方はぜひ一度，COBITのサイトをご覧になってください。

❷ データガバナンスにおける経営層の役割

　ガバナンスの基本的なフレームワークにおいては，経営層の役割は**方向づけ**

（Direct），モニタリング（Monitoring），評価（Evaluate）の３つに分かれ
ます。データガバナンスでも同様の３つの役割を持つことになりますが，まず
方向づけ（Direct）の部分から見ていきましょう。

●方向づけ（Direct）

　経営層が方向づけをするということは，データガバナンスにおいては，どの
ようなデータを何に使うのか，どういったデータが必要なのかという点につい
て，その名のとおり方向を示すということです。

　DXにおいては企画段階で，何のためにどんなデータを活用するのかが定義
されており，その定義には経営層も関わっていることが重要だとしてきました。
したがって，DXの企画段階でデータガバナンスにおける方向づけ（Direct）
は完了しているとみなして問題ありません（もちろん，第５章にあるように，
正しくDXを推進している前提です）。

●モニタリング（Monitoring）

　その次の段階として，モニタリング（Monitoring）を行います。これは，方
向づけ（Direct）で定義した必要データが正しく取得・作成・加工・分析等さ
れているかどうか，鮮度・精度・セキュリティの面でも定義されたプロセスや
ルールどおりに行われているかどうかをモニタリングすることを意味していま
す。経営層の行うことですから，事細かにかつ頻繁に実務の一挙手一投足をモ
ニタリングすることは当然できませんし，する必要はありません。後ほど触れ
る実務層が行うデータマネジメント側で担保すべき部分であり，経営層はデー
タマネジメントにおける管理が正しく行われているかどうかを，適切なタイミ
ングでチェックするということを意味しています。

　DXにおいては，必要なデータが正しいのかどうか，目的としていた分析や
経営活動につながるアクションが正しくできているか，といった経営層の業務
の中で正しく機能しているかを判断し，疑問が出てきたところで実務層のデー
タマネジメントが機能しているかどうかのチェックをするという流れが一般的

です。重要なのは，経営層がデータは正しいと盲目に信じるのではなく，日頃活用しているさまざまなデータの値や内容，経済情勢やマーケットの情勢，そして自らの経営者としてのセンス・勘といったものを総動員して，**おかしなところはないだろうかと自問自答してDXを推進するという姿勢**です。ガバナンスで最後の砦になるのは経営層です。ここがザルだと，何のデータ統制もデータ活用促進も実現しないことになります。データに価値がなくなっていても気づかないため，大きなリスクを抱えるとともに，デジタル化が進んだ競争環境の中でデータに価値がないとなると，企業存続に関わる問題に発展します。

●評価（Evaluate）

このようなことにならないようしっかりと行う必要があるのが，次の評価（Evaluate）です。モニタリング段階で捉えた事象について，そのままでいいのか，何か改善しないといけないのかといったことを文字どおり評価し，その評価に基づいて，改善が必要ならば改善の方向性を出す（Directの段階に戻る）ということが経営層に求められることになります。

DXについても，一度アプリケーションを作ったり新たなプロセスを作ったりしたら終わりということではない，と理解しているかと思います。不具合やビジネス環境変化に合わせて，しかるべき対応（変化）を自ら起こす必要があります。そのための評価（Evaluate）と改善が必要な際に，新たな方向づけ（Direct）を行う必要があるわけです（**図表6-7**）。

❸　DXの活動の中で経営層に追加のお願いは必要なし

勘のよい方は気づいたかもしれませんが，実はDXの世界でデータガバナンスを考えた場合，その進め方の特性から，経営層に新たに「データガバナンスのために何かをしてください」とお願いすることはありません。企画段階あるいは稼働後の高度化の過程で，必要なデータの見直しやセキュリティ担保のための活動を定義する際に，経営層を巻き込むことが求められているからです。当然，本稼働後には，モニタリングと評価のプロセスが入ってきます（日々の

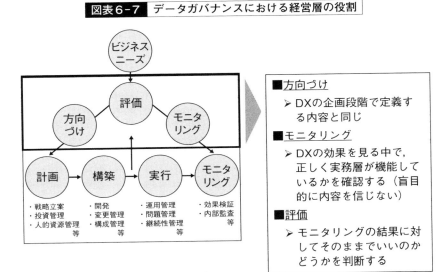

図表6-7　データガバナンスにおける経営層の役割

経営層はデータガバナンスにおける
最後の砦

業務でそれが行われます）。したがって，DXにおけるデータガバナンスの実態
は，次に触れるデータマネジメントの部分を実務層が理解し，しっかりと機能
させることができていれば大丈夫だということになります。
　経営層をDXの企画段階で機能させることすら難易度が高い多くの日本企業
で，さらによくわからないデータガバナンスの説明をするとなるとウンザリし
ていた人もいたかもしれませんが，その心配はありません。ITガバナンスの
話だと，そういうわけにもいかない部分があるのですが，あえてDXの関連に
的を絞ってデータガバナンスに閉じた活動とし，ITガバナンスにおける経営
層の巻き込みは情報システム部門に任せましょう。

❹ データガバナンスにおけるデータマネジメントの役割（実務層の役割）

　では，DXでデータガバナンスの中心となるデータマネジメントの部分を見ていきましょう。データマネジメントの役割は，経営層に方向づけされたデータに関して，その方向性に合致するように種々のアクションやプロセスを計画し，実行していくことです。したがって，データマネジメントの実務としては，いわゆるPDCAを回すことになりますが，COBITにならって段階を分けると，**計画（APO），構築（BAI），実行（DSS），モニタリング（MEA）**の４段階になります。DXにおけるデータマネジメントに絞って，具体的にどういうアクションが必要になるのか考えてみましょう。

●データマネジメントのアクション

　DXの目的とゴールを起点に，取組みの中で必要となるデータが定義されています。そのデータをどのタイミングで誰が活用し，どんなアウトプットへとつなげていくのかが定義されている前提になりますので，データマネジメントを担当する側は，アプリケーションや業務のインプットとして必要なデータが何かを特定し，どこからそのデータを持ってくるのか，加工が必要かどうかといったことを計画します。これが**計画（APO）**の段階で進められます。DXの内容にもよりますが，必要なデータは多岐にわたり，計画段階で抜け・漏れがないように綿密にプランに作り込んでいく必要があります。

　データの取得方法，取得タイミング，加工の有無，鮮度・精度の確保，セキュリティの確保，といったDXで必要となる事項を網羅した形で計画が完成したら，次に，必要な仕組みを**構築（BAI）**するということになります。例えば，レガシーシステムからデータを取り込むためのAPI（Application Programming Interface）の開発，データレイクの開発・導入，AIへの事前学習データの投入，といったものがこれに当たります。

　そして，データ準備やデータ加工の**実行（DSS）**となり，その結果を**モニ**

タリング（MEA）して，必要な改善活動につなげるというわけです。

●データの質の担保が最重要

　DXにおけるデータマネジメントで最も意識しておかなければならないのは，方向づけ（Direct）の内容に合致したマネジメントプロセスとなっているか，実行結果が方向づけ（Direct）で意図したものになっていたかという点です。その点で特に重要視するべきは，**データの質（精度・鮮度・安全性）が想定どおり担保されているかどうか**です。

　DXの企画段階で討議が尽くされ，必要とされるデータが手に入れば，競争優位を確立できるはずです。しかし，思うように競争優位を確立できなかった場合にデータの質が悪ければ，DXの企画自体が失敗であったという結論が導けません。当然すべての企画がうまくいく保証などないわけですから，失敗と判断されれば新たな企画を少しでも早くスタートさせるべきです。しかし，データの質が悪いとそういう判断が遅れてしまうことになります。したがって，データマネジメントでは，データの質を担保することが最重要な役割なのです（図表6-8）。

❺　データの質を担保するための3つの重要ポイント

　そのために重要となることが3つあります。

●データ所在の把握

　1つは，**社内外にあるデータの所在をすべて把握する**ということです。法的責任の有無も重要になりますので，個人情報なのか機密情報なのかという情報ラベリングも含めて，どこに何がどういう状態で置いてあるのかを把握しなければなりません。これを把握していないと，持ってきたデータが実は別のところでも作られていて，それぞれが同期していないのでどちらが正なのか判断がつかないといった事象が生じます。情報漏洩が起こった際に，原因箇所の特定に時間がかかることにもなります。DX推進担当者がすべてを押さえる必要は

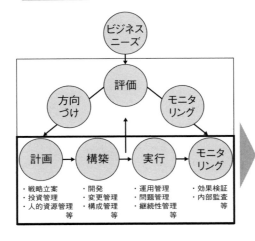

図表6-8　データガバナンスにおける実務層の役割＝データマネジメント

■計画
➢ 必要データの取得方法、タイミング，加工の有無，質といった内容を計画
■構築
➢ APIの開発を含む仕組みの構築・管理
■実行
➢ 本運用
■モニタリング
➢ 計画どおりに運用されているか，方向づけに照らした結果が取得できているか，データの質が担保できているかを確認する

データマネジメントはDXの運用そのものであり，質の担保が最も重要な役割

なく，**企業全体で一元管理されていれば問題ありません**。一元管理できていないのであれば，まずはその部分の構築を急ぐべきといえます。

●セキュリティ

2つ目は，**適切なセキュリティ担保**です。サイバーセキュリティやデータセキュリティの項で見てきたとおり，セキュリティは非常に重要な要素になります。データを安心して使えるということは，当たり前のように見えて，並々ならぬ努力の上に成り立っているのだということを再認識してください。何をす

べきかについては各項を再確認してください。

●チェンジマネジメント

　最後の3つ目は，一番厄介な部分といえるのですが，**ステークホルダーのチェンジマネジメント**です。チェンジマネジメントは意識改革ともいわれていますが，データに関わる人たちの意識を変えない限り，データマネジメントの成功，そしてその先にあるDXの成功はありえないという事実を理解する必要があります。

〈インプットする人に起因する問題〉

　例えば，データの質で鮮度や精度が足りないといった事象は，多くはインプットデータの質に依存しています。特に，見込みといった少し先の未来に関する情報だと，インプットを担当するフロント部門の**個人の資質によるところが大きくなります**。

　これから先3か月間の販売見込みのデータを例に見てみましょう。これらのデータを週次で集めて，生産計画と対比させながら在庫の最適化を図るケースを想定すると，販売見込みのデータ精度は生産計画に大きな影響を及ぼすことになります。しかし，営業担当によっては月に一度しか更新してくれない，後から受注できなくて部長に怒られるのが嫌だから確定してからしか見込みを入れてくれない，といった具合に，人に依存して精度がバラバラになってしまいます。受注が取れそうかそうでないかのデータも同様です。

　こうした**人に依存したデータはどうしても最後までバラツキが出る**のですが，そうはいってもバラツキの幅が大きくならないように何らかの対処をしなければ，使えるデータになりません。

〈経営層の協力なしには前に進めない〉

　そのためには，ルールどおりにデータを入力してもらう（先の例では，必ず毎週金曜日に見込みを提出する，正式見積りを出したらステータスを更新する

等）ことを徹底する必要があります。最後までバラツキは残るので，ある程度データに対して補正（営業の言ってくる数字は8割は信用できるため，受注見込額の8割を製造部門に伝える等）して最終化はするのですが，その精度を少しでも上げるために，ルールどおりに入力してもらうという意識改革を行わなければなりません。

　このケースの場合，DX推進担当者が営業部門の上司で，ひとこと言えば上意下達でしっかりと浸透するとなれば，こんな楽なことはないのですが，往々にしてDX推進担当者と部門にはそれほど都合のよい関係性はありません。たとえそうだったとしても，製造部門との関係まで同じようなことにはならないでしょう。そうなると，部門を横断して，それぞれの部門の人にルールを浸透させることができる人が旗を振らない限り，チェンジマネジメントが成功することはありません。

　おわかりにように，そういう立場で**リードできるのは経営層のみ**です。経営層が覚悟を持って意識改革を推進しない限り，データマネジメントの成功は見えてこない現実があるのです。企業にもよりますが，日本の多くの企業はこの部分で推進力がありません。前述したような経営層がDXに対する真の理解を持っていないことが影響を及ぼしているのかもしれません。いずれにしても，データマネジメントがいくら実務層の仕事とはいえ，経営層の協力なしには前に進めることは困難だということを理解してください（図表6-9）。

❻　DXとデータガバナンスが機能することとの関係

　このような，データマネジメントで思うようなチェンジマネジメントが進まず，データの質が担保できなかった場合，データガバナンスは，経営層がモニタリングや評価の段階で気づき，必要に応じて自らチェンジマネジメントに乗り出すといった機能が働くことを想定しています。データガバナンスが機能することがDXにとって必要不可欠であり，成功した企業はしっかりとデータガバナンスが機能しているのだということが理解できるかと思います。データに関わるすべてのことがうまくいく状態，それがDXを実現できる状態だという

図表6-9 データの質を担保するために

① 社内外にあるデータの所在をすべて把握する	✓ どのデータが正なのかを把握していないと，同じデータなのに値が違うものが散在してしまう ✓ データの一元管理を早急に整えることが重要
② セキュリティの担保	✓ データを安心して活用するためには，セキュリティの担保が必須 ✓ 当たり前にできているのは日々の努力の賜物
③ チェンジマネジメント	✓ 自分たちのデータに関わる行動が変わらない限り，データの精度や鮮度は高まらない ✓ 経営層の意識が変われば全体が変わる

ことですね。

　これほどまでにデータに依存している世界が，デジタルの世界なのです。そこでは経営層が非常に重要な役割を担います。デジタルの世界を理解していない経営層では，デジタル時代を乗り切ることは無理であることは，この点からも明らかです。いま一度，企業の中で経営層，実務層が集まって，デジタル（＝データ）に関わる認識を再確認するとともに，自分たちに欠けているところを冷静に見つめることから始めてみるのはいかがでしょうか。多くの日本企業で**データガバナンスのことを真剣に考える経営層はほとんどいない**のが現状だと思います。その状態ではDXの成功は見えてこないのです。

4 仕組みでカバーできる部分はないのですか？

❶ 経営層不在の経営改革は存在しない

　筆者がクライアント企業の方と話をしていて，「いまの経営層はまったくデータのことがわかっていないし，実務層もしっかりとデータマネジメントができているとはいえません。何かシステムとか仕組みの面で助けになるようなことはないのでしょうか」という問いかけをもらうことは，一度や二度ではあ

りません。やはり，経営層に理解をさせるのはハードルが高いという感覚をお持ちの人が多いということです。そういったときには，**外部コンサルタントや外部ベンダーをうまく使ってワークショップを開く**といった手段をお勧めしていますが，何とかシステム的にできないかという要望は後を絶ちません。

　ここまでの章で見てきたように，DXは経営戦略ありきで始める経営改革です。企業の競争優位を追求する以上，経営層が参画しないことはありえないのです。また，データがすべてといっても過言ではないというくらい，データに依存した変革が行われる中，そのデータが人に依存している部分は，どうしても人以外に埋めさせることは難しいという側面があります。前項で触れたチェンジマネジメントの部分がまさに該当します。それを，「デジタル技術を使ってやらせることができないのか」「それこそDXじゃないのか」と言われても，それは無理ですねと答えざるを得ません。

　デジタル技術の進歩で，会議の文字起こしは自動でできるようになってきましたが，議事録を自動で作ることはまだ無理です。その会議の背景を知り，その中から重要なトピックを抜き出して，問題提起部分と議論の要点，決定事項を自動でまとめるという芸当は，AIであってもまだできないのです。やらせようとしても，膨大なAIのための教育データが必要になるでしょうから，現実的な状態にはまだありません。**人がカバーしなくてはならない部分は，人が何とかするしかない**のです。

❷　仕組みに頼れる部分は一定程度存在する

●ルールをしっかり定義できれば可能

　しかし，すべてがすべて無理だというわけではありません。AIのようなデジタル技術が得意なのは，一定のルールに従って判断できるものです。文字であれ，画像であれ，音声であれ，ルールさえあればAIが自動で判断してくれます。

　DXの世界で考えると，分析やデータガバナンスの中で行う**モニタリングや評価の判断に利用する際の異常値発見**といった部分は，AIでの実現が可能な

ところです。データ精度が落ちてきたという事実を捉えるためには，結果の確からしさを何らかのデータとぶつけて人が行っています。その部分を，データとデータを突合して，閾値を超えていた場合にアラートを上げるといった機能は，AIで簡単に実装することができるでしょう。最初のルールを作るというところさえ人がしっかりと定義できれば，その部分を機械任せにすることは可能です。

●データに使われる側になってはいけない

　AIをはじめとする仕組みの世界でカバーできるのは，人が判断する部分ではなく，人が判断するために行う検証や分析といった前準備の部分であり，そしてその準備が一定のルールが定まっているものでないと自動化が難しいという点を押さえておいてください。

　判断のスピードや自動化のスピードを高める点で，また，データガバナンスの質を高める点で，仕組みでできるところはどんどんと仕組み化していくべきです。ただし，人が判断すべきところまで，経営層が判断すべきところまで，仕組みの中で自動的にやらせることはできないということは肝に銘じてください。AIは万能ではないという観点というよりは，DXは経営の中枢に関わる改革なのですから，そこを**機械任せにするというのはもはや経営ではありません**。データを使いこなすことが必要なのであって，データに使われる側に回ったらいけないのです。

＊

　本章では，データガバナンスに関して少し掘り下げてみました。デジタルやDXの本質がデータにあるということは，そのデータが正しいこと，安全であることが保証されていないとデータに基づいて経営などできないということです。そのデータの質を担保し，データを中心に置いたデータドリブン経営を実現させるために必須となるのが，データガバナンスであり，それを正しく**機能**させることです。

　残念ながら，多くの日本企業ではデータガバナンスの議論をないがしろにし

て，流行りのDXに飛びついてしまいました。DXの本質を知ることなく進めてしまった結果，うまくいっていないのに間違いに気づかないという企業を多く生み出してしまったのですが，その根本的要因はデータガバナンスの軽視です。データガバナンスには，第3章，第5章で触れた**DXでは企画が最も重要であること**，第4章で触れた**サイバーセキュリティが重要であること**，の双方が含まれています。つまり，最後に行き着く先はデータガバナンスなのです。データガバナンスに行き着くまでに問題を抱えてしまっているDXプロジェクトは数多いですが，正しいやり方を知ってそのとおりに進めたとしても，最終的にデータガバナンスを正しく機能させることができなければ，ジ・エンドなのです。

　体系的に全体を捉え，自分たちには何が欠けているのか，どういう点を改善すればDXを成功に導けるのか，検討の土台はでき上がったかと思います。最後に次章で，データガバナンスを機能させるために，DXを最終的に成功させるために，あるべき姿とのギャップをどう埋めていくかのヒントをいくつか見てみましょう。

第 7 章

データガバナンスの基本は
「シンプル」

　本書における最終章である本章では，DXの本質を理解し，データガバナンスの重要性について理解したことを前提に，自社の現状とのギャップをどう埋めていくかを考えてみましょう。現状では，「自分たちはちゃんと想定どおりにDX推進をやれていたから，特にギャップもないし，そんな議論は不要です」というDX推進担当者はほとんどいないと想定しています。そんなにできている人が多いなら，もっとデジタルを武器にグローバル企業と競争を繰り広げている日本企業がいるはずです。GAFAMの対抗馬たる日本企業は残念ながら見当たりませんし，多くの企業はDXに悩んでいるというのが本当のところだと思います。

　そうなると，本書のここまでの内容は夢物語に過ぎず，実現不可能だという印象を持っている人も多くいるかもしれません。正直にいって「ちょっと無理かな」と思う企業に出くわすことがないわけではありません。しかし，多くの日本企業は，時間が多少かかるかもしれませんが，抜本的な何らかの手を打つ覚悟がある，もしくはゼロベースからの改革を進める覚悟があるなら，十分にデジタルを武器に戦う企業になれる素地があります。

　コロナ禍も影響した部分があると思いますが，ここ3年くらい取り組んでいるものの，正直停滞していたというのが日本企業のDXです。ただ，少しずつでも進めていた中で見えてきたこともありますから，ここで一気に攻勢に出るために何をするのか考えてみましょう。企業によって，あるべき姿とのギャップの大小はさまざまでしょう。ギャップが大きい企業はそれだけギャップを埋めるのに時間がかかる可能性が高いですが，その間，既存のビジネスで時間を稼ぐことができれば問題ないはずです。そういう戦略的な進め方をぜひ検討してもらいたいと思います。

1 あまりにもあるべき姿とのギャップがありすぎます

❶ あるべき姿とのギャップが生じている原因は何か

「経営層はまったくDXを理解していないし，理解しようとしてくれない」「技術者が少なく，デジタル技術をどう使うのかさっぱりわからない」「DXのアイデアがまったく出てこないため，何も推進できていない」等々，そもそもスタートラインに立っていないということをカミングアウトするDX推進担当者に会うことがあります。状況を聞いていると，確かに厳しいなという内容なのですが，複数の企業でそのようなケースをいくつか見ていると，大きく分けて2つの要因に分けられるようです。

●データを使った戦略が見えない

1つは，経営層が，競争優位確立のために何をやりたいのか，どのようなデータがあればそれが実現するのかがわからないケースです。DXの企画段階で経営層と建設的なディスカッションにならず，現場任せになってしまっているケースがこれに当たります。

そもそも数字に基づいた判断をすることが少なく，情報よりも勘や経験に頼る傾向が強い人に多いのですが，必ずしも経営層の質が悪いといい切れないところが現実には多いと感じます。どういうことかというと，経営層に日頃からデータを見せてきていないとか，現状存在するデータも整理されておらず，経営層が想像を膨らませる機会すらないというケースが思った以上に多いのです。

外部コンサルタントが企業内にあるデータを整理して提示するだけで，「もっとこういうデータがあれば全体にシェアを伸ばせる」といった発言がワークショップで経営層から飛び出すことはしばしばあります。

●データをどう用意するのかわからない

　もう１つの要因は，経営層の欲しいデータややりたいことはある程度見えてきているのに，それを実現するためにどうしたらよいのかわからないと頓挫しているケースです。そしてこのケースでは，必要なデータをどこからどう集めてくればいいのかわからず，その部分で大きな時間をロスしています。

　何がどこにあるのか，どこまでのレベルならデータを揃えられるのか，といった判断は，データガバナンスのところで触れたように，ふだんからどこに何があるのかを押さえているかどうかにかかっています。これができていないから，あるべき姿とのギャップが開いているという例が多いのです（図表7-1）。

図表7-1　現実とのギャップが生じる代表的なケース	
①　経営層が競争優位確立に向けた戦略をはっきり持っていない	✓ 日頃データを見て経営していないため，データと経営をどう組み合わせたら競争優位確立につながるのか想像できていない ✓ 必ずしも経営層に問題があるわけではない（データを整理してこなかった実務層に問題があるケースも）
②　データをどう用意したらいいのかわからない	✓ 欲しいデータをどう準備するのか見当がつかない ✓ どこに何があるのかふだんから押さえることができておらず，データガバナンスがまったく効いていない状態にある

**データがどこにどういう状態であるのかを把握できていれば，
上記のギャップを埋めるためのデータ提示が可能なはず**

❷　ギャップを埋めるために，まずデータの所在を明らかにする

●やりたいことを具体的な形にするために

　この2つの要因に対する解決策は，実は同じものになります。どちらのケー

スも，**いま自社あるいは外部のどこにどんなデータを持っているのかが整理されておらず，把握できていないことが原因**です。どこにどんなデータがあるのか（取得可能なのか）が整理されていれば，1つ目のケースでは，経営層にサンプルデータを提示して，そこから導かれる企画の候補を検討することが可能です。2つ目のケースでは，経営層からのリクエストに対して，どこまで現状の把握できるデータで対応できるのか，どのデータを追加取得するもしくは既存データの加工で乗り切るかといった議論もできるでしょう。

　DXは戦略ありきであることは確かなのですが，いきなり経営層がこれをやりたいからこのデータを用意せよと言ってくることは稀です。そこまでデータを理解している経営層は少ないためです。おぼろげながらやりたいことは決まっているが，具体的な形にするのが難しい状態という経営層は多いものです。そこに具体的なデータを提示しながら試行錯誤をしていく中で，DXの企画内容を詰めていくという作業が，現実的かつ納得感のあるものになります。あるべき姿とのギャップという点で最も大きな開きが出てしまうのはこの点で，戦略とデータの関係がよくわからずに経営層もDX推進担当者も途方にくれてしまい，プロジェクトが思うように進まない（ゴールが決まっていないため）ということが頻発するのです。

●知識や手順等に関するギャップは深刻ではない

　では，この問題を解決するために，どこにどんなデータがあるのかを把握するとなったときに，このハードルが高いことに驚きを感じた方も多いのではないでしょうか。ギャップの大きさがありすぎると感じている要因がここにある方は，DXの本質をきちんと理解されている方です。デジタルに詳しいメンバーがいない，新しい技術に疎い，外部コンサルタントや外部ベンダーをうまく使えていないといったギャップ，あるいは，進め方が違ったというような手順に関するギャップは，それほど深刻なギャップではないのです。なぜなら，対応の仕方がわかっており，本書の留意点を1つひとつ潰していけばたどり着くことができるものだからです。

　一方で，どこにどんなデータがあるかを把握できていないというケースでは，その労力は計り知れないものがあります。

●情報システム部門も全部はつかんでいない

　皆さんは，必要なデータが特定できた際に，誰にそのデータを用意して欲しいと頼んでいますか？　おそらく情報システム部門にお願いしているのではないでしょうか。しかし，そのデータを手に入れるまでに，相応のやり取りや先方の調査期間の発生等，意外にも時間を要することが多いのではないかと思います。

　情報システム部門は，通常すべてのデータの存在を把握し切れていません。企業規模が大きくなればなるほど，事業が多い企業であればあるほど，その傾向は強くなります。部門ごとに独自のシステムを持ち始めたり，事業ごとに特性の違う業務に対応するために別のシステムを導入したり，部門横断／事業横断をするようなケースが少なかったり（組織がサイロ化されている）することが原因で，ほうぼうにさまざまなデータが散在することになり，情報システム部門単体では把握しきれなくなるためです。

　そういった状況の中，少しでも経営にデータを活用すべくDWHやデータレイクを構築していますが，DWHやデータレイクのデータが正になる（インプット対象となる）ことはないため，フロントのシステムで変更があってもすべてを把握していないケースが後を絶ちません。事実上，誰かがデータがどこにあるのか，どこのデータが正なのかを把握することが不可能な状態に陥っているのです（図表7-2）。

❸　データが把握できていないなら，その道のりは険しい

　程度の差はありますが，この状況に陥っている企業の場合は，相当の覚悟を持って対処する必要があります。一朝一夕に何かツールを導入すれば解決するという状態にはありません。こういう状態だとDXが成功することはほぼないと認識しておいたほうが無難です。データガバナンスが効く状況にはなく，特

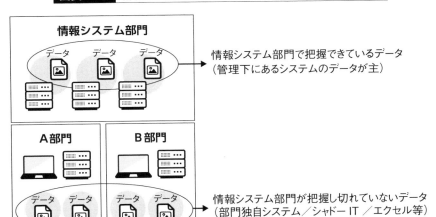

図表7-2　情報システム部門はすべてのデータを把握できない

情報システム部門

情報システム部門で把握できているデータ
（管理下にあるシステムのデータが主）

A部門　　　B部門

情報システム部門が把握し切れていないデータ
（部門独自システム／シャドー IT ／エクセル等）

にデータの質で懸念が大きいということになりますから。

　となると，何としてもデータがどこにあるのかが把握でき，管理できている状態に持っていかなくてはなりません。そのためのアプローチは，大きく2つあります。

●徹底調査

　1つ目は，徹底した調査です。現在あるシステムと，持っているデータを把握するということです。把握できていないといっても，個別のシステム担当ごとには一定の管理がなされています。そうでないと運用保守ができません。しかし，システム的な押さえ方をしていて，情報システム部門以外の人が理解できない状況（システム的な項目名しかわからず，何のデータをフロントで入力しているかわからないケース等）の場合もあります。

　そこでまずは，個別システムのデータ，そしてそれらのデータの相関関係を，システム構成図とインターフェースの仕様書等からまとめていく作業を行いま

す。ただし，この方法を採れる企業は，そこそこしっかりとこれまで管理できていた企業です。大抵はシステムが増えすぎていて，同じようなデータベースが散在しているため，どれを正にすればいいのか特定に時間がかかる，もしくは途方に暮れてどうにもならないという結果となります。

●新たに把握したデータだけ管理する

　このようなケースで取りうる2つ目の方法は，新たに把握したデータだけで管理し，把握できたデータだけでDWHやデータレイクを構成するというやり方です。つまり，スパゲッティ状態でよくわからなくなったところは捨てて，新しい場所に新天地を作るということです。この方法は，ネットワークの再構成や基幹システムの総入替えを行う際に使うことがある手ですね。

　最もスッキリしていていい方法なのですが，デメリットは，既存のものと二重でシステムを用意することになるため，コストやその他のリソースがかかるという点と，当初はデータが少なく，DXの目的を達成するために時間がかかってしまうという点が挙げられます。

　しかし，多くの日本企業は，こちらのやり方を選択したほうが，結局は近道になるのではと思料します。それぐらい，現状データの管理が難しい状態になっている企業が多いからです（図表7-3）。

❹　ポイントとなるのは標準化だが，成功していない現実がある

●標準化することの意義

　2つ目の手法を用いるとして，ポイントとなるのは標準化です。現在のデータを把握できていない状況，つまり，データガバナンスが効いていない状況を作り出した原因は，無尽蔵に増え続けたアプリケーション／システムにあります。その数が減らない限り，いつまで経っても全体を把握することは不可能でしょう。何千という単位でサーバーを抱えている企業は意外と多いものです。そのすべてを把握し直して，データを項目ごとに管理するというのは，いくら新しい環境で整理しながらやっていくとはいえ，できるとは思えません。やは

図表7-3　データの所在を把握するためには

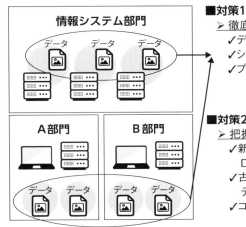

■対策1（一定管理されている企業の場合）
➢ 徹底的な調査
✓データ項目レベルのドキュメント整備
✓システム構成図／連携図による質の調査
✓プライマリーデータ（正のデータ）特定
etc.

■対策2（対策1が採れない場合）
➢ 把握できるところだけで別管理
✓新規データや管理可能なデータのみで
DWHやデータレイクを構築
✓古いシステムは徐々に廃棄できるよう新規
データを拡充していく
✓コストは多くかかる（二重持ちが増える）
etc.

り，そのサーバー数が減っていかない限り，コントロールしきれません。

　そこで必要になるのは標準化です。同じような機能を持った仕組み，例えば受注システムであれば，どの事業も基本的には流れは同じです。在庫品の受注と一品ものの受注生産のものでは違うでしょうが，同じ在庫品の受注プロセスであれば，品物で個別に分けていく必要は本来ありません。バリエーションが違うだけで，機能としては同じもので対応できるように業務を変えてもらうのが正解です。こういった標準的なやり方を定義して，それに統一していくことを標準化と通常呼んでいます。この**標準化を通じてアプリケーションやシステムを減らしていく**ことが必要になってくるというわけです。

●**標準化は進んでいない**

　ここで疑問が出てきます。標準化は昔からやってきているはずで，そのためにERP（Enterprise Resource Planning：基幹系統合パッケージ）を導入したり，SFA（Sales Force Automation：営業支援システム）を導入したりしてきたんじゃなかったのか，と。当然，その導入の中で標準化を目指してやってき

ています。

　しかし現実をみてください。同じ会社なのに事業部ごとに別のERPが入っている，別のパッケージがSFAとして利用されている，といった例は，目の前にありませんか？　標準化には対応してきたつもりだけれど，現実には標準化は進んでいないのです。ビジネス環境の変化が激しくて標準化が難しかったという面もあるのかもしれませんが，**どのような理由があったとしても，標準化は進んでいません。**

　また，こんなケースもよく目にします。標準化を進めた結果，業務フローに標準の業務とシステムが定義されていて，うまくいっているように見えます。しかし，例外業務も多く設定されていて，結局はさまざまなデータを散在させてしまう温床になってしまっているケースです。ふつう，例外というと，総じて数が少ないからそう呼んでいるのだと思いがちですが，日本企業ではそうでもないなと感じるところです。標準化が本当に苦手なのが日本企業なのです（**図表7-4**）。

図表7-4　進んでいない標準化

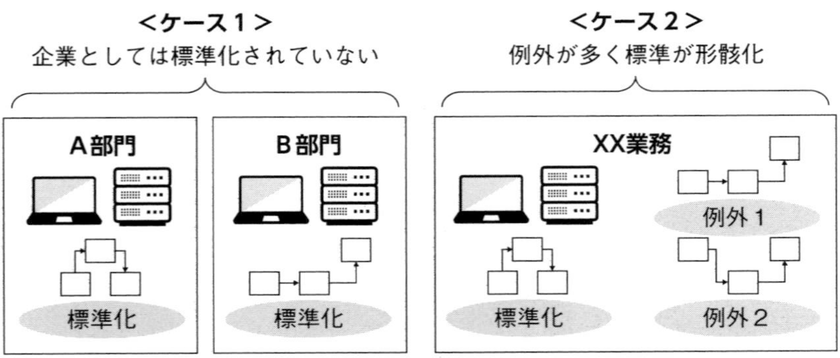

　ですので，筆者は標準化という言葉をあえて使わずに，データガバナンスを機能させるためにアプリケーション／システムを「シンプル」にすることをお勧めします。

2 「シンプル」にするってどういうことですか？

❶ シンプル＝数を減らすこと

●コストもリスクも少なくなる

　標準化というと高い確率で失敗する日本企業ですので，小難しいことは考えないようにして，ここでは，ただただ物理的な数を減らすことに注力することを「シンプル」と呼んでいます。システムが100個ある場合は50個に減らす，バリエーションが10個あるなら3個にするといった具合です。

　実は，この数を減らす＝シンプルにするという考え方は非常に重要です。サイバーセキュリティを例にしてみましょう。自社に100個のサーバーがあり，DXで使うものを含めてそのすべてをしっかりと対策しないといけないとします。すべてのサーバーが同じ機種で，その上に載っているアプリケーションも同じということは当然ありませんので，それぞれのサーバーに対応したセキュリティ対策が求められることになります。この数を半分の50個にできれば，100種類ではなく50種類の対策を考えれば済むようになります。100個を守るより50個を守るほうが必要なコストも下がりますし，リスクも下がります。

　データも同じです。100個のサーバーにあるデータベースの項目を管理するのと50個のサーバーのケースを考えると，圧倒的に50個のサーバーのほうが管理しやすいはずです。同様にソフトウェアのアップデートも楽ですし，サーバーの入替えも楽ですし，運用コストや入替えのコストも減ります。シンプルであることは非常に有用であるにもかかわらず，それとは逆行することを善しとして日本企業はこれまで進んできたというわけです。

●増員やAI活用より効果的

　筆者はCIOを拝命していた時に，NIST SP800-171対応を行ったのですが，当初のアセスメント後のギャップの数を見て，システムの数を減らすことを優

先しました。無理矢理捨ててしまうイメージで，とにかく使っている形跡のないシステム，使っているユーザーが少ないシステムを片っ端から閉じていくという交渉をフロント側とやっていきました。これをやらなければ，対応が完了するのはまだ先だったかもしれません（とはいっても，想定していたほど減らせなかったのですが…）。

このシンプルにする＝数を減らすという活動は大きなインパクトをもたらします。データガバナンスの質が向上し，サイバーセキュリティ対応の質も向上します。とにかく，自らの手に余って管理できていない状況を打破するのは，対応する人を増やすとかAIの活用ではなく，シンプルにする＝数を減らすことなのです（図表7-5）。

❷　ユーザーの不満を恐れすぎていないか

●不満は出るが一時的

そうやって機能を減らしていくと，「ユーザーから不満が噴出してしまうじゃないか」という声もあるでしょう。これはそのとおりです。でもその時だけ，一時的なものです。

情報システム部門の人は，いつも批判に晒されています。対応が悪い，システムが遅い，コストが高い，等々。大半は理不尽な言いがかりでしょう。情報システム部門の人は日々できることを精一杯やっているにもかかわらず，ちょっとしたバグやトラブルですべての努力をゼロにするかのような批判に晒されるのです。そもそもシステムはバグが出て当然ですし，人がやっていることですからミスは起こって当然です。お前がやってみろよと言いたい気持ちを抑えているのだろうといつも思います（筆者がそうでしたから）。

しかし，同じ人が1年以上，同じことでずっと文句を言うことは，経験上ありません。ある時点から，別の気に食わない事象に対して文句を言い始めます。世の中そんなもので，だんだん冷めてくるものです。

図表7-5 データガバナンスにおける重要キーワード「シンプル」

シンプル＝数を減らす

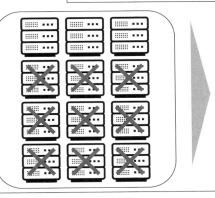

➤ 使う頻度／ユーザーが少ないシステム／プログラムを廃止する
➤ 同一環境に統合する
　➤ 同一機種・大容量化
　➤ 同一プラットフォームへの統合
　➤ 統一システム導入
➤ BPO等の活用
➤ 開発環境の統一　　　　　　　etc.

■**数が減ることによるメリット**
➤ 把握すべき数が減る（管理しやすい）
➤ 変化に対応しやすい（対応箇所が少ない→経営スピードのアップにつながる）
➤ サイバーセキュリティ対策として守る部分が減る→コストや工数が減る→リスクが減る
　　✓脆弱性対応
　　✓セキュリティアップデート
　　✓バージョンアップ
　　✓監視工数／コスト
　　　　　　　　　etc.

●かえって効率化することも

そして，人間は慣れる動物です。これまで便利にできていた機能がなくなって面倒になったということで不満を持つかもしれません。しかし，1か月もすれば新しいやり方に慣れて，以前よりも効率よく作業をこなすようになるのです。

いわゆるガラケーからスマートフォンに変わったときに，メールの入力をする方式にフリック入力が加わりました。最初はガラケーと同じように同じ数字を複数回打っていたのですが，画面の反応が悪くイライラしていた人も少なく

ありません。しかしフリック入力に慣れると，以前よりも早く文章を入力するようになりました。高校生の順応速度とか尋常じゃありませんよね？

　同じように，業務での順応速度は年齢に関係なく，仕事を早く終えたいという気持ちから，いろいろ工夫をし始めるものなのです。変化を恐れずに，周りからの一時的な不満の声に惑わされずに，シンプルを追求することが，データガバナンスの確立，目指すべきDXの推進というところにつながっていくのです。

❸　リースの残存期間は無視してもいい

●抵抗感はあるが

　少しシステム的な部分にも触れておきましょう。

　先ほど，サーバーを100個から50個にという話をしましたが，急に減らす時に必ず話題に挙がってくるのが，リース期間が残っているから急がなくていいという声です。これもなぜか日本企業で頻繁に耳にする声なのですが，「運用コストやサイバーセキュリティ上のリスクを考えたうえでもそう言えますか？」と問いたいところです。

　リースアップを迎える前に捨ててしまうような行為は反発を招くというのは何となく理解はするものの，必要ないものを置いておくとしても，保守料や場所代，運用をしている人の人件費等の経費，そして数々のセキュリティアップデートの実施やツール導入を繰り返す費用がかかってきます。何よりも，**サイバーセキュリティやデータガバナンスの観点から余計なものがあることに何のメリットもありません。**何が目的なのかを見失わないようにしなくてはなりません。

　逆に，ユーザー側がなかなかシステムを捨てることに応じてくれないときは，リースアップのタイミングを盾に，「それ以上継続することは無理です」と言って話をつけてしまうことも可能です。一貫性がないのは重々承知していますが，システムを捨てるには相当の覚悟と腕力が必要になりますので，情報システム部門とDX推進担当者がタッグを組んで前に進めていくことが望まれま

す。

●ネットワーク構成もシンプルに

　もう1つ，システム的な面で注意が必要なのは，ネットワーク構成をシンプルにするという点です。企業の規模が大きくなり，グローバルに自社のネットワークを張り巡らせることになると，どうしても侵入経路が多くなってしまいます。サイバーセキュリティの面からも，ネットワーク構成も極力シンプルにして，侵入経路の極小化，サイバーセキュリティ対応の実施箇所の極小化，監視対象の極小化といった観点で，シンプルを追求すべき分野になります。

　この「シンプル」というキーワード，ビジネス環境の変化が著しい昨今，今後もデジタルの力で環境は大きく変わることが予想されている中で，これ以上グローバル企業から離されないように常に意識してもらいたいキーワードです。経営はスピードが求められています。対応する箇所をとにかく減らす，データがある場所も極小化する，といったシンプルの追求を進めていってください。

③ 誰に協力を仰げばいいですか？

❶ 情報システム部門だけに協力を仰ぐのではない

　DX推進担当者からすると，いくらシンプルにしたくても，自分の力ではどうにもできないという印象をお持ちかと思います。最低限，情報システム部門とはタッグを組まなくてはなりません。ほとんどのシステムを管理しているのは情報システム部門です。すべてを把握できていないかもしれませんが，企業の中で最もシステムやデータのありかを知っている存在であることは間違いないでしょう。ただ，情報システム部門だけでは進まないものだということは覚えておいてください。

　どういうことかというと，例えば見積No.のデータが必要になったとします。同志である情報システム部門に「見積No.のデータが必要だから，最も正しい

データが格納されている場所と，その更新サイクル，データマネジメントの方法等を教えて欲しい」と依頼することになります。そこで情報システム部門が「XXシステムの見積機能データベースにある見積No.が該当する」と答えたとします。一見問題なさそうですが，実は営業の現場では，この見積No.には，取引先とのやり取りをスムーズにするために，自社ではなく先方の管理No.が入力されており，自社の見積No.は別の項目に入っているという使い方をしていた，なんてことも起こりうるのです。

　情報システム部門は，業務の内容にまで踏み込んで理解しているわけではありません。データベースの項目レベルで理解している場合がほとんどです。そうなると，営業部門にも登場してもらわないと，シンプル化やDX推進をうまく進めることができなくなります。

　必要なデータに対するステークホルダーが誰であるかを見極めることは非常に重要です。そして，データガバナンスの観点から最も重要な部門がどこかということは，必ず確認をするようにしてください。そうしないと，データの質の担保は難しくなるということを理解しておいてください（**図表7-6**）。

図表7-6　シンプルを追求するには協力者が複数必要

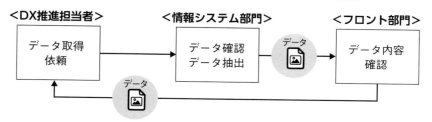

■**情報システム部門だけではデータの正しさは判断できない**
➢ 現場での項目の使い方まで情報システム部門は把握していない
➢ 特にパッケージソフトを使っている場合は，項目名と実運用で使っている内容が一致しないケースが多いため注意が必要
➢ シンプルにするためには現場の協力が必須

4 「シンプル」を保ち続けることが できるでしょうか？

❶ シンプルはすぐに複雑になる

　シンプルな仕組みを志向し，データガバナンスが適切に機能する環境を，それなりの年月と工数をかけて構築したとして，そこで終わりじゃないということにお気づきの方は，データに関する理解が相当進んでいます。シンプルを実現することは非常に難しいことは先に述べたとおりですが，ひとたびシンプルを実現しても，ビジネス環境の変化や技術の進歩，新しいシステムの導入依頼等があって，せっかく実現した最小限のシステム構成も長続きしないのではないかという疑問が湧くのではないでしょうか。

　なぜなら，データガバナンスは日々改善を繰り返し，方向づけ（Direct）が繰り返し行われます。シンプルになればなるほど，このサイクルは速くなります。データ活用の高度化が進み，欲しいデータや分析すべきデータが増えていくことになり，シンプルなシステム，アプリケーション，データベース等が，複雑化していってしまう可能性が高まります。つまり，シンプルではなくなってしまうのです。

　禅問答のようになってしまいますが，データガバナンスを適切に機能させ，データのセキュリティ担保，利活用促進を実現するために行っていた**シンプル化が，逆にシンプル化を阻害していく結果を招いてしまう**というお話なのです。

❷ シンプルの追求に終わりはない

　つまり，単にシンプルな仕組みを構築すればそれで終わりではなく，常にデータガバナンスを効かせるためには，シンプルを追求し続けることが必要なのです。新しいデータが必要だという方向づけ（Direct）がなされたときに，どうやってデータを収集するのか，そのためにいまのシステムを捨てる必要はないのか，いまの仕組みに少し手を加えれば数を増やさなくて済むのではない

か，といったことを常に考えてシンプルを追求するようにしなくてはなりません。新しいデータが必要になったということは，古いデータが必要なくなった可能性もあります。そういうデータを，一応置いておこうと延命させるのではなく，潔く捨てる決断をするという姿勢が大事なのです。

　DXは顧客とつながり，さまざまな重要データを扱うものです。そのデータに何かあった時のリスクは，自分の想像をはるかに越えるものだと思っておいたほうがいいのです。そのリスクを極小化するには，シンプルであることです。何はともあれシンプルなデータベース構造，シンプルなプロセス，シンプルなシステム構成等を求め続けてください。データはシンプル，分散ではなく統合，数を減らすということだと，肝に銘じてDXに取り組んでください（**図表7-7**）。

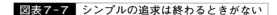

図表7-7　シンプルの追求は終わるときがない

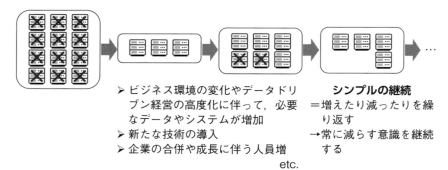

➢ ビジネス環境の変化やデータドリブン経営の高度化に伴って，必要なデータやシステムが増加
➢ 新たな技術の導入
➢ 企業の合併や成長に伴う人員増
　　　　　　　　　　　etc.

シンプルの継続
＝増えたり減ったりを繰り返す
→常に減らす意識を継続する

5　DXってどこまで行けば終わりですか？

❶　DXは終わりがある取組み

●目的を達したら終わりでいい

　ずっとシンプルを追求するということは，DXに終わりがないというでしょ

うか。どこまでやればゴールになるのかという声はよく耳にしますが，その答えは大抵「終わりはありません」というものです。しかし，筆者はこの言葉に疑問を呈します。

　企業経営において，経営改革に終わりはないと思います。ビジネス環境は刻々と変化し，不確実性も増している昨今では，経営改革をいかに速く行い，次の変化に備えるかが求められます。しかし，DXはあくまでデジタル技術を使った経営改革であり，競争優位の追求です。目的を達したら（定義したゴールに到達した時点で），その時点で終わりにしていいのではないでしょうか。終わりがないという固定概念から，DXをやり続けることが目的になってしまい，とにかくネタを探し，とりあえず次のPoCを行うということは，本当に必要でしょうか。DXを手探りで進めてきたという中では，DX推進の専門部署を多くの日本企業が設置してきたことには一定の意味があったと思います（適切に機能したかどうかは別にしてですが）。しかし，この専門部署を存続させるために，新たなDXのネタを探すという行為は正しいのでしょうか。

●DXの推進が目的になっている

　経営改革を推し進める際には，プロジェクトチームが組成されることが多いと思います。DXでも，個別にプロジェクト化されることが多いですね。これは，未来永劫に続くのではなく，ゴールに達したらそこで終わりだからです。プロジェクトチームに関係各部署から参画してもらい，必要な外部コンサルタントや外部ベンダーにも加わってもらい，そのプロジェクトを成功させるためだけの体制が組まれるわけです。通常の運用に入ったら，既存の部門がその内容を引き継いで日々の業務を遂行し，プロジェクトチームは解散，メンバーは元の部門に戻るという流れです。

　なのに，なぜDXの専門部署として発足したDX推進部門は存続し続けるケースが多いのでしょうか。これは，DXの本質に関わるところ，つまり，企画段階の目的とゴールがはっきりしていないことに起因しています。いつの間にかDXを推進することが目的になってしまっている，DX推進部門を生き永らえ

させることが目的になってしまっている状況が，この現象を引き起こしているのです。この状況下で結果が出ることを期待できないのは，本書でここまで見てきたとおりです。

●目的とゴールを見失わない

　DXは，プロジェクトが終わったら終わりでいいのです。別のDXが企画されたなら，また短命なプロジェクトができ上がるということでかまわないのです。DX推進部門は，一定のDXに対する意識が高まったなら，役割を終えていいのです。

　もともと既存の部門ではDXが進まないという判断から，新たな取組みを進める部門として設置されたはずです。2年，3年と**時間が経っても存続しているということは，その企業でDXが進んでいないことを示唆している**ともいえます。本来，各部門で日常業務の一環，必要に応じて部門横断プロジェクトを作ってやるべき内容です。一昔前のBPR（Business Process Reengineering；事業再構築）と同じです。いまではどの部門でも，一定の期間で，業務の見直し・再構築を行っていますよね？　DXは，本来そうなるべきものなのです。

　もちろん企業文化や，各企業それぞれの事情があるでしょうから，DX推進部門の設置を否定するものではありません。しかし，部門を存続するためにDXを無理矢理やっている，新たなネタ探しに躍起になっているという状況では，まともな結果を期待できないことは想像に難くないと思います。「目的とゴールを見失わない」，これを常に意識してDXに取り組み，早く日常的に全社で行われる活動になるように努力していく必要があるのではないでしょうか。

*

　本章では，データガバナンスを機能させ，DXを成功に導くためには，「シンプル」をキーワードに，システムやデータの統廃合を進めて，とにかく対象を少なくしていくことが必要だということをお伝えしました。この「シンプル」がなかなか難しく，特に情報システム部門の方は，できるものなら代わりにやってくれと言いたくなるくらい，気が遠くなる取組みかもしれません。

　ただ，その企業の歴史の中で，負の遺産が積み重なってシンプルな状態が保てなくなってきたわけで，どこかで整理しないといけないのです。いままでは問題にならない程度に応急処置をしていれば何とか乗り切れました。しかし，あらゆるものがデータで処理されるデジタルの時代に突入し，物理的な距離や時間がなくなるくらい変化が速くなったのです。これまでのような時間稼ぎが，通用しない可能性が高まっています。少しでも環境変化への対応が遅れたら，一度でもサイバーセキュリティインシデントを起こしてしまったら，その時点で企業生命が絶たれるかもしれないという状況にあります。

　これはチキンレースではありません。早く対処すれば，未来に可能性が残るわけですから，同業他社のDX動向等は気にせずに，データ周りをシンプルにすることから始めてもいいのです。

あとがき

　本書では，DXにまつわる基本的なところから，その本質であるデータ（＝デジタル）について解説をしてきました。**DXに企業の未来がかかっているような風潮がいまの日本にはありますが，決してそんなことはありません。**そもそもデータガバナンスを理解せず，データを放置してきたばかりに，DXが難しいものになり，DXをいわば神格化してしまっているのだと筆者は考えます。DXが叫ばれる以前に，IT化と呼ばれていたような時代に，データを整備し，シンプルな構造を実現できていれば，DXは恐るるに足らずという状態だったと思います。

　これができていなかったのは，企業のシステム全体を俯瞰し，データガバナンスを考慮した改善・再構築を行う人材がいなかったことが影響しています。CIOがいない，いても素人で本来の役割を担えていないという声は，以前から日本企業に対してあったかと思います。その影響は，デジタル時代に突入したところで，思いのほか大きくマイナスに出てきたのです。CIOを取り替えたからといってこの問題がすぐに解消することはありません。脈々と受け継がれてきた負の遺産の精算はすぐには行えないのです。もっというと，負の遺産を精算したところ（データガバナンスが有効に機能するようになったところ）でしかDXは成功しないわけですから，環境変化のスピードに追随してDXを推進するためには，シンプル化とDXを並行して進める以外に手はありません。

　自力でそれをやるには，時間的・スキル的に難しいというのであれば，外部に頼るのもアリでしょう。しかし，何を優先し，どれだけのスピードでやっていくかを決めるのは，経営層の仕事です。経営層から実務層までがデータを理解し，データガバナンスを理解し，それらを実行できるようにならなければ，DXの実現はないのです。

　うまくいっていないと思ったら本書の最初まで戻ってください。目的とゴー

ルを見失っていないか，データガバナンスは機能しているか，シンプルな構造
になっているか，どこかで躓いているはずです。

　早くDXという言葉がこの世から消えて，各部門が当たり前に本書に書いて
あることを実行している時代になって欲しいと願っています。その頃にはまた
新しい変革の手法が出てきているのでしょうが。

《著者紹介》

安井　望 (やすい　のぞむ)

デロイト トーマツ コンサルティング合同会社　パートナー
Deloitte dX Garage Evangelist
神戸大学大学院経営学研究科MBAプログラム修了。同志社大学経済学部卒業。外資系コンサルティングファーム数社を経て現職。
デロイト トーマツ コンサルティングにて，会計系業務コンサルティングの責任者，Digital/テクノロジーサービスの責任者を務めたのち，デロイト トーマツ グループのCIO（情報システム担当執行役）およびCTO（Digital/テクノロジー担当執行役）に５年間従事。現在は企業のDX推進をビジネスとテクノロジー両面から支援する部隊であるDeloitte dX GarageのEvangelistとして，さまざまな側面からのDX関連支援に従事している。
経営戦略策定から情報システム導入まで一気通貫で行う企業変革コンサルティングを得意としており，業務領域にとらわれない全社改革に多数従事している。昨今ではCIOとしての経験を活かして，情報システム部門が持つ悩みや他部門との折衝，セキュリティを含めたインフラ基盤再構築等を考慮したDigital/経営基盤改革の推進を支援することがテーマとなっている。デジタルトレンド，DX，データドリブン経営等に関する講演・寄稿多数。主な著書に『データドリブン経営入門』，『グローバル情報システムの再構築』シリーズ全３巻（会計／ロジスティクス／情報管理）（以上，中央経済社），『企業が扱う情報管理のすべて』（東洋経済新報社）等がある。

Deloitte dX Garage

デロイト トーマツ グループにおいて，DX推進の企画から企業のDX支援に不可欠なデジタルアセットの開発を進める主要部隊として，デロイト トーマツ コンサルティング合同会社内に作られた組織。「デジタルアセット（ものづくり）×ビジネス」をコンセプトに，企業戦略の実現に寄与するデジタルアセットの企画や開発を，所属するエンジニア／デザイナー／データサイエンティスト／コンサルタントとデロイト グローバルのコンサルタント／エンジニアが一体となって推進する点に特徴がある。組織の85％以上がコンサルタント以外（エンジニア／デザイナー／データサイエンティスト等）で構成されており，デジタル技術の進化や企業環境の変化に迅速に対応できる体制を整えている。
クライアントとともにDXの企画から，ものづくりを通じた具現化までを共同で推進するとともに，開発したデジタルアセットの運用も含めてトータルにDX支援サービスを提供している。

いまのうちに聞いておきたい
DXのためのデータ管理入門

2022年10月20日　第1版第1刷発行

著　者	安　井		望
発行者	山　本		継
発行所	㈱中　央　経　済　社		
発売元	㈱中央経済グループパブリッシング		

〒101-0051　東京都千代田区神田神保町1-31-2
電話　03 (3293) 3371 (編集代表)
03 (3293) 3381 (営業代表)
https://www.chuokeizai.co.jp
印刷／㈱堀内印刷所
製本／(有)井上製本所

ⓒ 2022
Printed in Japan

＊頁の「欠落」や「順序違い」などがありましたらお取り替えいたしますので発売元までご送付ください。(送料小社負担)

ISBN978-4-502-44341-1　C3034